Student Activities Manual

¡EXPLOREMOS!

NIVEL 3

Mary Ann Blitt
College of Charleston

Margarita Casas
Linn-Benton Community College

Mary T. Copple
Kansas State University – Manhattan

CENGAGE
Learning·

Australia • Brazil • Japan • Korea • Mexico • Singapore • Spain • United Kingdom • United States

CENGAGE
Learning®

¡Exploremos! **Nivel 3**
Student Activities Manual
Blitt | Casas | Copple

© 2018 Cengage Learning

For product information and technology assistance, contact us at **Cengage Learning Customer & Sales Support, 1-800-354-9706** For permission to use material from this text or product, submit all requests online at **www.cengage.com/permissions.** Further permissions questions can be emailed to **permissionrequest@cengage.com.**

ISBN: 978-1-305-96977-3

Cengage Learning
20 Channel Center Street
BOSTON, MA 02210
USA

Cengage Learning is a leading provider of customized learning solutions with office locations around the globe, including Singapore, the United Kingdom, Australia, Mexico, Brazil and Japan. Locate your local office at **www.cengage.com/global.**

Cengage Learning products are represented in Canada by Nelson Education, Ltd.

To learn more about Cengage Learning Solutions, visit **www.cengage.com.**

Purchase any of our products at your local college store or at our preferred online store **www.cengagebrain.com**

CONTENIDO

Printed in the United States of America
Print Number: 03   Print Year: 2018

Puente

Repaso 1

R1 **¿Lógico o ilógico?** Jorge is talking about the meals his family usually has. Read each of his statements and decide if it is **lógico (L)** or **ilógico (I).**

_____ 1. Comemos un gran desayuno de huevos fritos, pan con mantequilla, jugo de naranja y café.

_____ 2. Para el almuerzo mi mamá nos sirve sopa de verduras en un vaso.

_____ 3. Mi hermana hace una ensalada de frutas con sandía, zanahorias, tomates y maíz.

_____ 4. Como postre mi papá trae un pastel de chocolate que compra en el supermercado.

_____ 5. Para la cena pongo la mesa con mantel, servilletas y todos los utensilios.

_____ 6. Primero comemos helado como entremés y después cenamos carne asada.

R2 **La chef de la familia** Alicia considers herself the chef of the family. Complete her paragraph with the appropriate present forms of the verbs in parentheses.

Yo (1) _____ (ser) la chef de la familia. Cuando nosotros (2) _____ (tener) una cena especial, yo (3) _____ (hacer) una lista de los ingredientes necesarios, le (4) _____ (dar) la lista a mi mamá y ella (5) _____ (ir) al supermercado. Luego yo (6) _____ (preparar) la cena. A veces yo le (7) _____ (pedir) ayuda a mi hermana menor. Ella siempre (8) _____ (querer) ayudarme porque así ella (9) _____ (poder) aprender mis secretos de cocina. Ella (10) _____ (ser) una muy buena *sous chef*.

R3 **La fiesta** Ana is worried about her party preparations, and Joel tries to reassure her. Complete Joel's responses to Ana's questions using direct object pronouns (**lo, la, los, las, me, te, nos**) and the correct form of the verb. Be careful with the verb tenses!

1. ANA: ¿Piensas comprar las frutas?

   JOEL: Sí, _____.

2. ANA: ¿Vas a llamar a nuestros amigos?

   JOEL: Sí, _____.

3. ANA: ¿Vas a ayudarme en la cocina?

   JOEL: Sí, _____.

4. ANA: ¿Antonio te está ayudando con los refrescos?

   JOEL: Sí, _____.

5. ANA: ¿Selena va a traer la música?

   JOEL: Sí, _____.

6. ANA: ¿Quieres invitar a tu hermano?

   JOEL: No, no _____.

Repaso 2

R4 **Los quehaceres** Margarita wrote an email to a friend describing the chores she and her family did on Saturday. Complete her email with the appropriate preterite form of the verbs from the list. Use each verb only once.

barrer	cortar	hacer	pasar	sacudir
colgar	haber	ir	ser	tener

El sábado (1) _____ día de limpieza, y mi hermano y yo (2) _____ que ayudarles a

mis padres a limpiar la casa. ¡(3) _____ mucho trabajo! Yo (4) _____ la aspiradora y

(5) _____ con un sacudidor. Mi hermano y mi papá (6) _____ el césped y

(7) _____ el patio. Después de lavar la ropa, mamá la (8) _____ afuera (*outside*) para

secarla bajo el sol. Al mediodía, como recompensa (*reward*) por nuestras labores, (nosotros) (9) _____

a nuestro restaurante favorito. ¿Qué quehaceres (10) _____ tú el sábado pasado?

R5 **¿Qué pasó?** You babysat your neighor's children last night. Complete each sentence with the appropriate preterite forms of the verbs in parentheses.

1. Todos los niños _____ (portarse) mal.

2. Luisito _____ (dibujar) en las paredes.

3. Sara y Ana _____ (saltar) en la cama.

4. Mauricio _____ (pedir) veinte pizzas por teléfono.

5. Yo _____ (empezar) a perder la paciencia.

6. Los niños no _____ (dormirse) hasta la medianoche.

R6 **Los hábitos** Linda is telling a friend about what she and others do for each other. Complete each of her statements with either an indirect object pronoun or both an indirect and direct object pronoun as needed.

1. _____ pido ayuda a la maestra con frecuencia.

2. Por supuesto _____ cuento mis secretos a ti, eres mi mejor amiga.

3. _____ escribo mensajes a los amigos todos los días.

4. Mis abuelos _____ dan dinero cuando lo necesito.

5. A veces mis padres _____ prestan el coche a mi hermano y a mí.

6. ¿Mis notas? _____ _____ muestro a mis padres cada semana.

7. ¿El libro? Sí, _____ _____ presto a ti cuando quieras.

8. ¿La ropa? Mi mamá siempre _____ _____ plancha (a mí).

Repaso 3

R7 **Mi cumpleaños** Sofía is having a birthday party today. Choose the best response to complete each statement.

_____ 1. Soy una _____; cumplo 15 años hoy.

     a. novia   **b.** quinceañera   **c.** invitada

_____ 2. Decoramos la sala de fiestas con _____ y globos.

     a. banderines   **b.** serenatas   **c.** desfiles

_____ 3. Pensamos tener una piñata para los niños llena (*filled*) de _____.

     a. bocadillos   **b.** dulces   **c.** invitaciones

_____ 4. Un _____ va a tocar canciones de rock y de salsa.

     a. santo   **b.** bautizo   **c.** grupo de música

_____ 5. Por supuesto, voy a tener un gran pastel con 15 _____.

     a. velas   **b.** brindis   **c.** fuegos artificiales

_____ 6. Espero también recibir muchos _____ de todos los invitados.

     a. festejos   **b.** pasteles   **c.** regalos

R8 **Preferencias** Choose the appropriate indefinite or negative word to complete each statement.

1. A (nadie / nada / nunca) en mi familia le gustaba cumplir años.

2. Mi hermana no recibía (algún / ningún / nada) regalo; prefería recibir dinero.

3. ¿Había (algo / alguno / alguien) en tu familia a quien le interesaban las serenatas?

4. Nosotros (siempre / nunca / también) atravesábamos la calle sin mirar; era muy peligroso.

5. (Algo / Nada / Alguien) que nos encantaba era decorar pasteles.

6. A mí me encantaba romper las piñatas y a mis amigos (también / tampoco / jamás).

R9 **Un accidente** Complete the following sentences with the correct imperfect form of the verbs in parentheses and **por** or **para**.

1. Dos ciclistas _____ (ir) muy rápido _____ (por / para) la calle, se cayeron y _____ (estar) inconscientes.

2. Un peatón _____ (cruzar) la calle mientras _____ (escribir) un mensaje en su teléfono y _____ (por / para) eso no vio el accidente.

3. Yo _____ (querer) hacer algo _____ (por / para) los ciclistas.

4. Mientras yo _____ (llamar) a la policía, una ambulancia llegó y _____ (por / para) fin se llevaron a los ciclistas _____ (por / para) el hospital.

¡Hora de escribir!

Write a description of your last birthday celebration.

Paso 1 Brainstorm the information you would like to include in your description. You should tell what you did to celebrate, with whom you celebrated, what happened during the celebration, and how you felt. Be sure to include the foods you ate, presents you received, and party activities.

Paso 2 Write your description using the information you brainstormed in **Paso 1.** Pay attention to the use of the preterite and imperfect as well as direct and indirect object pronouns.

_____

_____

_____

_____

_____

_____

_____

_____

_____

_____

_____

_____

_____

_____

_____

_____

_____

Paso 3 Edit your description:

      1. Have you included all of the required elements listed in **Paso 1**?

      2. Have you used the preterite and the imperfect correctly?

      3. Have you used direct and indirect object pronouns correctly?

      4. Are there any spelling errors?

      5. Are there any short sentences you can combine with **y** or **pero**?

Repaso 4

R10 **Un viaje a México** Choose the relative pronoun that correctly completes each statement.

1. Marcos es el amigo con (que / quien / donde) más me gusta pasar tiempo.

2. Este verano vamos a estudiar en una escuela de lenguas (que / quien / donde) está en México.

3. Tenemos que ir al consulado, el lugar en (que / quien / donde) debemos recoger (*pick up*) nuestras visas.

4. Después debemos imprimir (*to print*) los boletos de avión (que / quien / donde) compramos en Internet.

5. Marcos es alguien a (que / quien / donde) le gusta estar bien preparado, por eso hacemos todo ahora.

6. Solo nos queda seleccionar la ropa (que / quien / donde) vamos a llevar.

R11 **Un viaje en avión** Choose elements from each column to complete each sentence. Make sure the pronouns and verbs agree with the subjects and that the sentence is logical.

le	interesan	el asiento de ventanilla porque puedes ver el cielo
me	cae mal	los viajes en avión; prefieren conducir
nos	aburren	ese agente de seguridad porque es antipático
no le	molesta	los viajes en avión; prefieren conducir
te	encanta	las salas de espera: son muy aburridas

1. A mí _____

_____.

2. A ti _____

_____.

3. A Luis _____

_____.

4. A nosotros _____

_____.

5. A mis tíos _____

_____.

R12 **El hotel** What are everyone's likes and dislikes regarding hotels? Use the appropriate indirect object pronoun and the present form of **gustar** to complete the following sentences.

Modelo A Celia y a Marcos *les gusta* pedir servicio a la habitación.

1. A Diana y a mí _____ mucho este hotel.

2. A Rogelio no _____ los uniformes de los botones.

3. ¿Por qué a ustedes no _____ alojarse en hoteles?

4. A ti _____ la piscina y la sauna, ¿verdad?

5. A mí no _____ para nada las escaleras; prefiero el ascensor.

6. A Juanita _____ pagar y marcharse en seguida.

Repaso 5

R13 **Problemas en la tienda** Choose a logical cause for each of the situations below.

_____ 1. Un cliente no pudo pagar la ropa.

_____ 2. Una señora devolvió el televisor a la tienda.

_____ 3. Una señora regresó a la tienda.

_____ 4. Un señor no pudo escribir un cheque.

_____ 5. Había una cola (line) muy larga en la caja.

a. Se le acabó la tinta a su bolígrafo.

b. Se le olvidó su bolsa en la caja.

c. Se le quedó el dinero en casa.

d. Se les descompuso la máquina registradora.

e. Se le rompió la primera vez que lo encendió (turned on).

R14 **Comparaciones** Read the sentences below, and then compare the item in the first sentence with the item in the second sentence using the expressions of comparison (**más…que**, **menos…que**, **tan/ tanto…como**). Use a superlative for items 5 and 6.

Modelos
La tarjeta de crédito siempre es práctica. Los cheques no siempre son prácticos.
La tarjeta de crédito es más práctica que los cheques.

Los abrigos de piel son lindos. Todos los otros abrigos no son tan (as) lindos.
Los abrigos de piel son los más lindos.

1. El vestido de algodón no es caro. El vestido de seda es un poco caro.

_____

2. Los zapatos negros son bonitos. Los zapatos azules también son bonitos.

_____

3. La camisa a rayas cuesta $50. La camisa a cuadros también cuesta $50.

_____

4. Los pantalones rojos me quedan bien. Los pantalones blancos no me quedan bien.

_____

5. La seda es una tela elegante. Las otras telas no son tan elegantes.

_____

6. Los zapatos de tacón (high heels) no son cómodos. Todos los otros zapatos son cómodos.

_____

R15 **En la clase de arte** Complete each statement with the appropriate form of **estar** and the past participle of the verb in parentheses.

1. Este cuadro _____ (pintar) en colores vivos.

2. Nosotros _____ (interesar) en los murales de Diego Rivera.

3. Los pintores impresionistas más famosos ya _____ (morir).

4. La paleta que uso _____ (romper).

5. Cuando la maestra sale de la clase, sus manos _____ (cubrir) de pintura.

6. Las últimas esculturas que hicimos _____ (hacer) de barro (clay).

Repaso 6

R16 **Acciones futuras** What will the following people do? Complete each statement with one of the verb phrases below. Use the appropriate form of the future tense.

conducir un coche	haber menos agua potable	proteger los bosques
deber hacer un esfuerzo	poder vivir bien	reciclar

1. Para tener menos basura, nosotros… _____

2. Para eliminar la deforestación, el presidente… _____

3. Para reducir el esmog, yo no… _____

4. Si *(If)* ustedes quieren proteger la Tierra,… _____

5. Si no eliminamos los desechos industriales de los ríos y lagos,… _____

6. Si tú no actúas ahora, no… _____

R17 **La naturaleza** Javier is talking with a friend about people's experiences and knowledge of nature. Complete his statements with the appropriate subjunctive form of the verbs in parentheses and the logical option in parentheses.

1. No es cierto que yo _____ (nadar) todos los días en (una selva / unas cataratas / un río).

2. Es bueno que tú _____ (ir) a la (península / naturaleza / contaminación).

3. Es increíble que ustedes _____ (ver) un (valle / volcán / llano) activo.

4. Es importante que nosotros _____ (saber) que hay una gran variedad de (árboles / cactus / cascadas) en el desierto.

5. No creo que mi hermano no _____ (estudiar) todavía (los mamíferos / la caza / la jaula) en su clase de biología.

R18 **Creencias** Use the elements given to write complete sentences. Add words and make changes when appropriate. Pay attention to the use of the subjunctive.

> **Modelo**   es una lástima / haber / animales en peligro de extinción
> *Es una lástima que haya animales en peligro de extinción.*

1. ser necesario / nosotros / proteger / las ballenas

_____

2. yo / creer / la tortuga / poder vivir / más de cien años

_____

3. yo / no pensar / los osos / saltar

_____

4. ser posible / algún día / yo / vivir / una granja

_____

5. yo / dudar / tú / usar / ropa de piel

_____

6. ser cierto / muchos animales salvajes / estar en peligro

_____

¡Hora de escribir!

Imagine that you will soon go on a trip somewhere. Write an email to a friend describing your trip, what you will do, and what you think may or may not happen during the trip.

Paso 1 Brainstorm possible answers to the following questions: Where do you plan to go? How will you get there? Where will you stay? What will you see and do? What do you doubt and are certain will happen?

Paso 2 Write your email using the information you brainstormed in **Paso 1.** Pay attention to the use of the future as well as the present indicative and the subjunctive where appropriate.

_____

_____

_____

_____

_____

_____

_____

_____

_____

_____

_____

_____

_____

_____

_____

_____

_____

_____

Paso 3 Edit your email:

    1. Have you included all of the required elements listed in **Paso 1**?

    2. Have you used the future and present indicative correctly?

    3. Have you used the subjunctive correctly?

    4. Have you combined sentences using relative pronouns?

    5. Are there any spelling errors?

CAPÍTULO 1 Generaciones y relaciones humanas

Practica el vocabulario

1.1 **Relaciones** Empareja la definición con la palabra apropiada.

_____ 1. Es el acto de tomar legalmente a un niño como hijo.

_____ 2. Es hacer oficial la intención de casarse de una pareja.

_____ 3. Es un grupo de personas que nació durante un cierto período de tiempo.

_____ 4. Es el esposo de mi hija.

_____ 5. Es una relación entre amigos.

_____ 6. Es la etapa de la vida cuando somos viejos.

a. la generación

b. la tercera edad

c. la adopción

d. la amistad

e. el compromiso

f. el yerno

1.2 **Relaciones de familia** Decide cuál es la mejor palabra para completar las ideas.

1. Jessica y Genaro (envejecieron / adoptaron / convivieron) a Silvia.

2. Tomás y Lili viven en un (noviazgo / asilo de ancianos / huérfano) ahora que son mayores.

3. Miriam y Eduardo están nerviosos porque van a tener su primera (pareja / cita / amistad).

4. Pancho pasó su (reto / matrimonio / vejez) con tranquilidad en Panamá después de jubilarse (*retiring*).

5. La (brecha generacional / familia tradicional / pareja) hoy en día es más grande que la de generaciones anteriores.

6. ¿Es cierto que es mejor para los niños (crecer / romper / respetar) con sus dos padres?

7. Es importante (criar/ nacer / odiar) a los hijos con buenos modales (*manners*).

8. La familia (moderna / tradicional / obsoleta) sigue las costumbres de las generaciones anteriores.

1.3 **No pertenece** Indica cuál de las palabras de cada grupo no pertenece.

1. matrimonio   amistad   divorcio

2. soltero   viudo   cuñado

3. enamorarse   querer (a)   criar

4. compromiso   salir con   odiar

5. moderno   unido   separado

1.4 **Ideas incompletas** Completa las oraciones con las palabras que faltan.

1. José quiere salir con Ana. Él quiere tener una _____ con ella.

2. A veces los padres no entienden a los hijos porque hay una gran diferencia de edad, es la _____.

3. El abuelo de mi padre es mi _____ y yo soy su _____.

4. El estado civil de un hombre cuya *(whose)* esposa murió es _____.

5. En una familia _____ todos los miembros tienen una buena relación.

6. Los padres de Miguel no viven en la misma casa. Estaban casados, pero ahora están _____.

1.5 **Las relaciones** Completa las oraciones siguientes para expresar tus opiniones.

1. Hoy en día las familias _____

_____.

2. En una amistad es muy importante _____

_____.

3. Mi familia _____

_____.

4. Las personas que no se llevan bien _____

_____.

5. La pareja ideal _____.

6. Las nuevas generaciones _____

_____.

1.6 **Preguntas personales** Imagina que quieres trabajar como niñera *(nanny)*. Responde las preguntas con tu información personal y opiniones.

1. ¿Cómo es tu familia? _____

_____

2. ¿Te gustan los niños? ¿Por qué? _____

_____

3. ¿Cómo fue tu infancia? ¿A qué jugabas? _____

_____

Practica la gramática 1

El pretérito y el imperfecto

1.7 **¿Hace cuánto?** Sebastián habla de los momentos importantes en su vida. Explica hace cuánto tiempo ocurrieron usando la información.

> **Modelo** yo / graduarse de la universidad / 2
> *Yo me gradué de la universidad hace 2 años.*

1. yo / conocer a mi novia / 1 _____

_____

2. mis bisabuelos / casarse / 30 _____

_____

3. mis hermanos / nacer / 10 _____

_____

4. mi padre / morir / 8 _____

_____

5. mi abuelo / venir a vivir con nosotros / 9 _____

_____

6. mi tía / adoptar a un niño / 15 _____

_____

1.8 **Consecuencias** Relaciona las columnas para decidir cómo termina cada acción. Elige el verbo más lógico y después ponlo en el pretérito o el imperfecto, según sea necesario.

1. Miguel se separó de su mujer y luego ellos...   **a.** tener novio

2. La familia Ramírez era muy unida y…   **b.** divorciarse

3. María estaba soltera antes, pero la semana pasada...   **c.** hacerse novia de Román

4. Miguel nunca tenía citas, pero ayer...   **d.** adoptar a un niño

5. Génesis quería un hijo y finalmente...   **e.** hacer muchas cosas juntos

6. Loreta siempre se enamoraba perdidamente cuando...   **f.** salir con una chica

1. _____

2. _____

3. _____

4. _____

5. _____

6. _____

1.9 **Mis abuelos** Jorge está investigando la vida de sus abuelos. Escoge la forma correcta del pretérito o imperfecto para completar el párrafo.

Mis abuelos (1) _____ (nacieron / nacían) en Maracaibo, pero cuando ellos

(2) _____ (fueron / eran) jóvenes, (3) _____ (vivieron / vivían) en un pueblito muy

pequeño en la costa. Mi abuela (4) _____ (empezó / empezaba) la universidad cuando ella

(5) _____ (tuvo / tenía) 18 años, pero no la (6) _____ (terminó / terminaba) porque

(7) _____ (tuvo / tenía) un accidente. Mi abuelo (8) _____ (vio / veía) el accidente y

(9) _____ (corrió / corría) a ayudar a mi abuela. Mientras mi abuela (10) _____

(se recuperó / se recuperaba), mi abuelo (11) _____ (fue / iba) a visitarla todos los días al hospital

y siempre le (12) _____ (trajo / traía) algún regalo. Un año después mi abuelo le

(13) _____ (pidió / pedía) matrimonio y mi abuela (14) _____ (aceptó / aceptaba).

Ese verano ellos (15) _____ (se casaron / se casaban) en una pequeña iglesia. El siguiente

(following) año mi abuela (16) _____ (empezó / empezaba) su propio negocio, y

(17) _____ (tuvo / tenía) tanto éxito que mis dos abuelos (18) _____ (terminaron /

terminaban) por ir a vivir a Caracas.

1.10 **Un día especial** Completa el párrafo con la forma apropiada del pretérito o del imperfecto.

Ayer (1) _____ (ser) un día muy importante en mi vida. Yo siempre (2) _____

(querer) conocer a mi madre biológica, y por fin la (3) _____ (conocer). Mis padres, quienes me

(4) _____ (adoptar) cuando yo (5) _____ (ser) un bebé, (6) _____

(tener) el número de teléfono de mi madre biológica. Ellos me (7) _____ (decir) que yo la

(8) _____ (poder) llamar cuando me sintiera listo *(when I felt ready)*. Mientras (yo)

(9) _____ (ir) en el auto para verla, me (10) _____ (sentir) muy nervioso.

Cuando (11) _____ (llegar) al café, ya ella (12) _____ (estar) allí esperándome.

Nosotros (13) _____ (pedir) unos cafés y (14) _____ (comenzar) a hablar.

Yo (15) _____ (saber) que ella (16) _____ (ser) una persona muy simpática

e inteligente, como mis padres me habían dicho. Al final de nuestra conversación, ella y yo

(17) _____ (decidir) mantener el contacto.

_____

1.11 **Una fiesta de quince años** Carmela celebró sus quince años y sus padres le hicieron una fiesta. Para contar lo que pasó, completa las oraciones usando un verbo en el pretérito o el imperfecto según se necesite.

1. Carmela escribió las invitaciones para todos sus amigos y _____

_____.

2. Mientras Carmela se ponía su vestido de quince años, su madre _____

_____.

3. Cuando los invitados llegaron a la fiesta, _____

_____.

4. Los invitados le llevaron regalos, y Carmela _____

_____.

5. Todos bailaban mientras _____

_____.

6. Cuando terminó la fiesta, _____

_____.

1.12 **La propuesta** Roberto le cuenta a un amigo sobre el día cuando le pidió ser su novia a Verónica. Este es el comienzo de su relato. Termínalo usando el pretérito y el imperfecto.

Era el 10 de junio, las clases iban a terminar pronto. Yo estaba muy nervioso y...

_____

_____

_____

_____

Practica la gramática 2

Los verbos pronominales

1.13 **Descripciones** Describe la rutina de Matilde según las ilustraciones. Usa el tiempo presente. ¡OJO! No todas las actividades son reflexivas.

1. _____

2. _____

3. _____

4. _____

5. _____

6. _____

1.14 **La secuencia lógica** Toda la familia de Amalia tiene una rutina un poco diferente. Ordena los verbos de forma lógica y después conjúgalos en presente, como en el modelo.

Modelo   Mi mamá (irse al trabajo, cepillarse los dientes, sentarse a trabajar)
Mi mamá se cepilla los dientes, se va al trabajo y se sienta a trabajar.

1. Yo (levantarse, despertarse, sentarse en la cama por unos minutos) _____

_____

_____

2. Mis hermanos Miguel y Gerardo (vestirse, quitarse los pijamas, ducharse) _____

_____

_____

3. Mi papá (ponerse la ropa, bañarse, secarse) _____

_____

_____

4. Mis hermanos y yo (acostarse, dormirse, ponerse los pijamas) _____

_____

_____

1.15 **Un día especial** Decide si los siguientes verbos necesitan el pronombre reflexivo o no. Escribe el pronombre **se** si lo necesita, y escribe una **X** si no lo necesita.

1. El sábado pasado Cristián _____ levantó temprano y _____ metió al baño para arreglar _____.

2. Él _____ fue a la cocina para tomar el desayuno y después de cepillar _____ los dientes, _____ salió de la casa.

3. Cristián _____ frustró cuando el auto no quiso arrancar *(wouldn't start)*, pero después de varios intentos *(tries)*, _____ tuvo suerte y pudo ir _____.

4. _____ llegó a la casa donde su novia Miriam _____ estaba esperando.

5. Miriam _____ saludó a Cristián con un beso y _____ despidieron de sus padres.

6. Una vez en el parque _____ sentaron bajo un árbol para disfrutar _____ del día.

7. Cristián _____ calló por un momento, y _____ sacó un anillo de su bolsillo; le preguntó si quería casar _____ con él.

8. Ella _____ sorprendió mucho al ver el anillo; _____ sonrió y le dijo que sí.

1.16 **Reacciones** Usa el pretérito de uno de los verbos de la lista para describir las reacciones de las personas.

aburrirse   **alegrarse**   **asustarse**   **enojarse**   **frustrarse**   **preocuparse**   **sorprenderse**

1. La señora Gómez _____ cuando sus hijos dibujaron sobre las fotos de su boda.

2. Jorge y Manolo _____ cuando un perro los atacó.

3. Carlos pidió la mano de Ana, y él _____ mucho cuando ella dijo que sí.

4. Yo _____ cuando descubrí que nuestro perro escapó.

5. Unos estudiantes _____ porque no podían entender la lección.

6. ¿Tú _____ cuando viste el regalo que te compró tu abuela?

1.17 **¿En el restaurante?** Manuela salió a comer a un restaurante anoche y ella le cuenta a una amiga lo que pasó. Completa sus ideas relacionando las dos columnas y después conjuga los verbos en la forma necesaria. ¡**OJO!** Vas a necesitar el pretérito.

1. Mi novio y yo (reconciliarse) y después nosotros...   **a.** (callarse) porque no les pareció gracioso

2. Yo (despedirse) de mis padres, y mi novio y yo...   **b.** (lastimarse) la pierna

3. Miguel (acostumbrarse) a comer mucha carne, pero...   **c.** (abrazarse)

4. La mesera estaba corriendo a la cocina cuando (caerse) y... **d.** (irse) al restaurante

5. Alguien (reírse), pero todas las otras personas...   **e.** (quejarse) con la mesera

6. En el restaurante nosotros (darse) cuenta de que la   **f.** (decidirse) por el pollo
   carne estaba cruda (*raw*) y...

1. _____

2. _____

3. _____

4. _____

5. _____

6. _____

1.18 **Mi vida** Responde las preguntas con oraciones completas.

1. ¿Te enfermas mucho? ¿Cuándo fue la última vez que te enfermaste?

   _____

   _____

2. ¿Con qué frecuencia se reúne tu familia? ¿Qué hicieron la última vez que se reunieron?

   _____

   _____

3. ¿Qué te gusta hacer para divertirte?

   _____

   _____

4. ¿Con quién prefieres relacionarte? ¿Qué hacen cuando están juntos?

   _____

   _____

5. ¿Quieres mudarte en el futuro o prefieres quedarte en donde estás? ¿Por qué?

   _____

   _____

Practica la gramática 3

Los verbos recíprocos

1.19 **Las mejores amigas** Lee lo que hacen las dos amigas y escribe de nuevo (again) las oraciones con verbos recíprocos.

   Modelo Fernanda escucha a Lucinda, y Lucinda escucha a Fernanda.
   Se escuchan.

1. Fernanda conoce muy bien a su amiga Lucinda, y Lucinda la conoce muy bien también.

   _____

2. Fernanda llama a Lucinda cuando necesita hablar con alguien, y Lucinda llama a Fernanda cuando

   necesita hablar con alguien.

   _____

3. Fernanda le da consejos a Lucinda, y Lucinda le da consejos a Fernanda.

   _____

4. Fernanda ayuda a Lucinda cuando tiene un problema, y Lucinda ayuda a Fernanda cuando tiene un problema.

_____

5. Fernanda nunca deja de hablar con Lucinda, y Lucinda nunca deja de hablar con Fernanda.

_____

6. Fernanda quiere a Lucinda, y Lucinda quiere a Fernanda.

_____

1.20 **Un poco de lógica** Decide el orden lógico de las acciones y después escribe lo que hicieron las personas indicadas.

Modelo los amigos – saludarse / despedirse
Los amigos se saludaron y luego se despidieron.

1. los novios – reconciliarse / pelearse _____

_____

2. mi novio y yo – comprometerse / casarse _____

_____

3. los amigos – conocerse / hablarse todos los días _____

_____

4. los esposos – divorciarse / separarse _____

_____

5. mi amigo y yo – darse las gracias / darse regalos _____

_____

1.21 **Los tres amigos** Completa el párrafo eligiendo el verbo lógico y conjugándolo en el imperfecto de acuerdo al contexto.

Durante la escuela secundaria Jordán, Alejandro y Jillian eran muy amigos y ellos (1) _____

(enamorarse / llevarse) muy bien. Ellos siempre tomaban clases juntos y (2) _____ (quererse /

ayudarse) con la tarea. También (3) _____ (encontrarse / separarse) los fines de semana.

Generalmente, ellos (4) _____ (saludarse / verse) en el cine para ver alguna película, y después

(5) _____ (mudarse / invitarse) a hacer algo diferente. Ellos (6) _____ (despedirse /

saludarse) ya muy tarde por la noche, y al día siguiente otra vez (7) _____ (separarse / verse)

en clase.

1.22 **¿Cómo sabes?** Completa las oraciones de manera lógica, usando la forma del presente de uno de los verbos de la lista.

> **Modelo** ¿Cómo sabes que una pareja se va a divorciar?
> Ellos *se pelean* todo el tiempo.

comprometerse **entenderse** **hablarse** **llamarse** **pelearse** **saludarse**

1. ¿Cómo sabes que una pareja se va a casar? Ellos _____.

2. ¿Cómo sabes que una pareja tiene problemas? Ellos no _____.

3. ¿Cómo sabes que una pareja lleva mucho tiempo casada? Ellos _____ bien aunque no hablen.

4. ¿Cómo sabes que dos personas son muy buenos amigos? Ellos _____ por teléfono seguido.

5. ¿Cómo sabes que dos personas que se encuentran en la calle se conocen? Ellos _____.

1.23 **Amigos** Piensa en tu relación con un amigo y responde las preguntas.

1. ¿Cómo y dónde se conocieron? _____

_____

2. ¿Cómo se llevan? ¿Alguna vez se enojaron? ¿Por qué? _____

_____

3. ¿Con qué frecuencia se ven? ¿Cómo se saludan? ¿Se llaman o se escriben textos? _____

_____

1.24 **Circunstancias** Explica quiénes hacen las siguientes acciones y en qué circunstancias.

> **Modelo** divorciarse *Unos esposos se divorcian cuando no se llevan bien.*

1. reconciliarse _____

_____

2. abrazarse _____

_____

3. escribirse _____

_____

4. sonreírse _____

_____

5. darse la mano _____

_____

¡Hora de escribir!

1.25 **Una historia de amor** For Valentine's Day, the local radio station is looking for interesting love stories. Write an email to them, telling the love story of someone you know (your grandparents, your parents, or yourself) or make one up.

Paso 1 Write a basic outline of the love story. Include answers to the following questions: How and when did they meet? How old were they? Was there something interesting that happened while they were dating? When did they get engaged? When did they get married? Was there something special about their wedding?

Paso 2 Write the email using the information you generated in **Paso 1.** Use the preterite and imperfect as well as reflexive and reciprocal verbs when appropriate.

_____

_____

_____

_____

_____

_____

_____

_____

_____

_____

_____

_____

_____

_____

_____

_____

Paso 3 Edit your paragraph:

1. Is your email logically organized?

2. Are there any short sentences you could combine?

3. Did you use the preterite, imperfect, reflexive verbs, and reciprocal verbs correctly?

4. Do the verbs agree with their subjects?

5. Did you use accent marks appropriately on the past tense verbs?

¡Hora de escuchar! 1

🔊 **1.26** **La respuesta lógica** Elige la respuesta lógica a las preguntas que vas a escuchar.
1-1

1. **a.** Viven en un asilo de ancianos.   **b.** Están separados.   **c.** Es soltero.

2. **a.** enamorada   **b.** unida   **c.** divorciada

3. **a.** los novios   **b.** los parientes   **c.** los huérfanos

4. **a.** los yernos   **b.** las personas viudas   **c.** las personas en la vejez

5. **a.** huérfanos   **b.** prometidos   **c.** hijastros

🔊 **1.27** **Los miembros de la familia** Vas a escuchar varias afirmaciones sobre la familia. Para cada
1-2   una, indica si son lógicas o ilógicas.

1. lógica   ilógica

2. lógica   ilógica

3. lógica   ilógica

4. lógica   ilógica

5. lógica   ilógica

6. lógica   ilógica

🔊 **1.28** **Las preguntas** Vas a escuchar cinco preguntas. Decide cuál es la respuesta más lógica y escribe la
1-3   letra de la respuesta al lado. No vas a usar una respuesta.

1. _____   **a.** Es unida.

2. _____   **b.** En 1985.

3. _____   **c.** Tengo un esposo.

4. _____   **d.** Solo una hermana y dos sobrinos.

5. _____   **e.** En Valencia.

                                            f. Soy soltero.

¡Hora de escuchar! 2

🔊 **1.29** **¿Lógico o no?** Un reportero está en la calle preguntándoles a varias parejas cómo se conocieron.
1-5   Escucha sus respuestas y decide si son lógicas o ilógicas.

1. lógica   ilógica

2. lógica   ilógica

3. lógica   ilógica

4. lógica   ilógica

5. lógica   ilógica

6. lógica   ilógica

🔊 **1.30** **Mi primer novio** Tu tía habla de su primer novio. Escucha lo que dice y pon en orden cronológico
1-6   los eventos de su relación.

a. _____ Se puso nerviosa.

b. _____ Recibió una invitación al baile.

c. _____ Compró un vestido.

d. _____ Habló con su madre.

e. _____ Se hizo novia de Nicolás.

f. _____ Conoció a Nicolás.

🔊 **1.31** **Una mañana** Escucha lo que hizo Lidia ayer por la mañana e indica con una X cuáles de las
1-7   siguientes actividades forman parte de su mañana.

1. _____ Se despertó temprano.

2. _____ Se quedó en la cama más tiempo.

3. _____ Se duchó.

4. _____ Se lavó la cara.

5. _____ Se maquilló y se secó el pelo.

6. _____ Se vistió en su habitación.

7. _____ Se fue de la casa sin comer nada.

◀)) **1.32** **Mateo y Matías** Mateo y Matías son gemelos *(twins)* idénticos, pero tienen personalidades muy
1-8   diferentes. Mateo siempre se porta bien *(behaves)* pero Matías no. Su maestra reporta las actividades de
          los niños a su madre. Escucha su reporte y decide a qué niño se refiere.

1. Mateo   Matías

2. Mateo   Matías

3. Mateo   Matías

4. Mateo   Matías

5. Mateo   Matías

6. Mateo   Matías

◀)) **1.33** **¿Qué pasó?** Varias personas hablan de unas situaciones difíciles. Escucha los detalles de cada
1-9   situación y decide cuál es la conclusión más lógica.

1. **a.** Se reconciliaron.   **b.** Se separaron.

2. **a.** Se quedó donde estaba.   **b.** Se mudó con Carlos.

3. **a.** Se quejaron de ellos.   **b.** Se llevaron bien con ellos.

4. **a.** Se alegraron mucho.   **b.** Se pusieron muy tristes.

5. **a.** Se preguntó si quería casarse con Flavia.   **b.** Se decidió a casarse con Flavia.

◀)) **1.34** **Una breve historia** Vas a escuchar una breve historia. Después de oírla, decide si las oraciones de
1-10   abajo son ciertas o falsas, y corrige las falsas.

1. Cierto   Falso   Miguel y Eugenia eran primos. _____

_____

2. Cierto   Falso   La familia de Eugenia se mudó cuando ellos eran todavía niños. _____

_____

3. Cierto   Falso   Miguel y Eugenia se escribían cartas con frecuencia. _____

_____

4. Cierto   Falso   Miguel y Eugenia tomaron una clase juntos en la escuela. _____

_____

5. Cierto   Falso   Miguel y Eugenia son novios. _____

_____

Redacción

Imagine that you have gone to a Spanish-speaking country as an exchange student and have just arrived in your host family's house or apartment. On a separate piece of paper, write a blog entry for your friends and family.

Paso 1 Decide which Spanish-speaking country you will write about, and pick a major city within the country. Find a website that sells or rents homes using the search words **casa** and **venta.** Select a residence and imagine that this is where you will be living.

Paso 2 Brainstorm what your host family might be like. Include answers to these questions: Who lives in the house? How old are they? What do they do for a living? What are they like?

Paso 3 Imagine your arrival and jot down answers to the following questions: What did the host family do to greet you? How did you feel when you met them? What did you do on your first day?

Paso 4 Write a 4-5 sentence paragraph in which you tell your readers where you are studying, then describe the host family and their home using the information from **Paso 1** and **Paso 2**. Be sure to give a detailed description.

Paso 5 Using the information from **Paso 3**, write a second paragraph recounting the events of your arrival in the past tense. Be sure to include your reactions and feelings.

Paso 6 Edit your blog:

1. Did you include lots of details?
2. Does each adjective agree with the person or object it describes?
3. Does each verb agree with the subject?
4. Did you use the preterite and the imperfect appropriately in your last paragraph?
5. Did you check your spelling, including accents?

CAPÍTULO 2 Costumbres, tradiciones y valores

Practica el vocabulario

2.1 **Parejas** Empareja cada frase con la palabra que la define.

____ **1.** las personas   **a.** el lenguaje

____ **2.** la relación entre miembros de una familia   **b.** el asado

____ **3.** sinónimo **del habla**   **c.** la herencia

____ **4.** carne preparada en el fuego al aire libre   **d.** los seres humanos

____ **5.** algo que se recibe cuando una persona muere   **e.** la costumbre

____ **6.** el hábito o la tradición   **f.** el parentesco

2.2 **No pertenece** Indica cuál de las palabras de cada grupo no pertenece.

1. el gaucho   el vaquero   el nacionalismo

2. la ofrenda   la vela   el folclor

3. la creencia   el desfile   el valor

4. el antepasado   el hábito   la costumbre

5. la cocina   la fiesta   la celebración

6. el Carnaval   el Día de los Muertos   la Noche de Brujas

7. festejar   celebrar   disfrazarse

8. heredar   conmemorar   recordar

2.3 **La palabra que falta** Completa las siguientes oraciones con la palabra más lógica del vocabulario de este capítulo.

1. La _____ de una persona depende de muchos factores, como su género, su nacionalidad y su herencia cultural.

2. Para tener una familia unida, es importante establecer _____ fuertes entre todos los parientes.

3. Algunos ejemplos de _____ de Latinoamérica son las máscaras (*masks*) de Centroamérica y la cerámica de México.

4. Un _____ es un tipo de comida especial típica de Argentina.

5. Un ejemplo de una _____ norteamericana es disfrazarse en Halloween.

6. El Día de Acción de Gracias y el 4 de julio son ejemplos de _____ estadounidenses.

2.4 **Un poco de lógica** Completa el párrafo usando los verbos de la lista. Usa el infinitivo, pretérito o el imperfecto, según sea necesario. Solo necesitas cinco de los verbos.

celebrar   conmemorar   heredar   recordar   respetar   sacrificarse

Cuando yo era niño (1) _____ de mi abuelo una gran colección de libros. Uno de estos libros

(2) _____ los primeros cien años de independencia de nuestro país. Era un libro muy

antiguo que me enseñó a (3) _____ a todos los héroes de nuestra historia, porque ellos

(4) _____ por nosotros y gracias a ellos ahora tenemos una nación libre. Esto es algo que debemos

(5) _____ siempre.

2.5 **Asociaciones** Explica la relación entre las palabras. Hay más de una respuesta posible.

1. el Carnaval : el desfile _____

2. el vaquero : el gaucho _____

3. los antepasados : la identidad _____

4. el asado : la cocina _____

5. la ofrenda : el Día de los Muertos _____

6. el lenguaje : la herencia cultural _____

7. el disfraz : la Noche de Brujas _____

2.6 **Opiniones** Completa las siguientes oraciones con tus opiniones.

1. Mi fiesta favorita es _____ porque _____.

2. Mis ancestros eran _____.

3. A la gente le gusta _____.

4. Es necesario sacrificarse por _____.

5. El legado más importante de mis antepasados es _____.

Practica la gramática 1

El imperativo

2.7 **De visita** Nora y su familia van a visitar a sus amigos en Uruguay para festejar el Carnaval. Su amigo Javier les da algunos consejos en una carta. Completa sus recomendaciones con el imperativo en la forma de **ustedes.**

¡Qué bueno es tenerlos con nosotros para el Carnaval! Después de llegar al aeropuerto internacional

(1) _____ (tomar) un taxi. (2) _____ (ir) directamente a su hotel. (3) _____

(comer) algo si tienen hambre. (4) _____ (descansar) y (5) _____ (dormir) un poco

porque van a necesitar su energía por la noche. (6) _____ (llegar) temprano por la noche a la ciudad

vieja, en el centro de Montevideo. (7) _____ (buscar) el café Allegro. Yo voy a esperarlos allí...

¡(8) _____ (traer) su cámara!

2.8 **En el hotel** Nora y su familia ya están en su hotel. La mamá de Nora llama a la recepción, pero el recepcionista no la entiende muy bien. Cambia los comentarios de Nora a mandatos directos para ayudarla a comunicarse. **¡OJO!** Todos los mandatos requieren la forma de **usted.**

Modelo Nos gusta tener muchas toallas para bañarnos.
Traducción: (Poner) *Ponga* muchas toallas en el baño.

1. No tomamos cafeína.

Traducción: _____ (Hacer) café descafeinado o té de manzanilla *(chamomile)*.

2. Estamos muy cansados.

Traducción: No _____ (limpiar) el cuarto muy temprano.

3. No tenemos ganas de salir a cenar.

Traducción: _____ (Traer) la cena a la habitación.

4. Nos molesta el ruido *(noise)*.

Traducción: _____ (Hablar) con los huéspedes de la habitación al lado que están haciendo ruido.

5. Tenemos dificultades para despertarnos en la mañana.

Traducción: _____ (Llamar) a nuestra habitación a las 7:00.

6. Deseamos comer en un restaurante elegante.

Traducción: _____ (Sugerir) un restaurante.

2.9 **Una fiesta de niños** Llevas tu hermanita de cinco años a una fiesta de cumpleaños. Usando el mandato informal (**tú**) del verbo entre paréntesis, escribe lo que ella debe y no debe hacer.

1. (no comer) _____

2. (poner) _____

3. (escuchar)_____

4. (no ir)_____

5. (no jugar)_____

6. (buscar)_____

2.10 **La posada** Ricardo se está preparando para ir a una posada (una fiesta en la época de Navidad) y su madre tiene muchos consejos. Completa sus consejos con el mandato informal del verbo subrayado (*underlined*).

1. No te pongas ese suéter; _____ este.

2. No te vayas solo; _____ con tu hermano.

3. No comas solo dulces; _____ un sándwich también.

4. No tomes demasiadas sodas; _____ agua en su lugar.

5. No salgas a otra fiesta; _____ solamente a la posada acordada (*agreed upon*).

6. No te acuestes tarde; regresa temprano y _____ antes de la medianoche.

2.11 **El asado** Marcela invitó a unos amigos a un asado. Todos están llamando para saber en qué pueden ayudar. Completa las respuestas de Marcela con la forma apropiada del mandato y el pronombre donde sea posible. **¡OJO!** Algunos requieren la forma de **tú** y otros de **ustedes**.

1. Felipe: ¿Llegamos temprano para ayudar?

   Marcela: Sí, _____.

2. Raquel: ¿Puedo llevar a mi hermana?

   Marcela: Sí, _____.

3. Manolo: ¿Compro carne para el asado?

   Marcela: No, no _____.

4. Alejandra: ¿Traemos la ensalada?

   Marcela: Sí, _____.

5. María Carmen: ¿Me quedo después para ayudarte a limpiar la casa?

   Marcela: Sí, _____ después. ¡Muchas gracias!

6. Rafael: ¿Preparo unos vegetales?

   Marcela: No, no _____. Ya tengo suficientes.

2.12 **Mis tradiciones** Por cada una de las situaciones escribe un mandato afirmativo y otro negativo. Atención a la forma de los verbos.

1. Un amigo va a pasar el Día de Acción de Gracias contigo.

   _____

   _____

2. Dos amigos van a celebrar tu cumpleaños contigo.

   _____

   _____

3. Tú planeas una celebración para el 4 de julio.

   _____

   _____

4. Tú decides tener una fiesta para la Noche de Brujas.

   _____

   _____

Practica la gramática 2

El subjuntivo con expresiones impersonales

2.13 **La quinceañera** Verónica va a celebrar su fiesta de quinceañera este año. Completa la lista de recomendaciones para ella usando la forma apropiada del subjuntivo.

Es necesario que...

1. Verónica y padre _____ (aprender) a bailar el vals.

2. sus padres _____ (ahorrar *to save*) dinero para la fiesta.

3. Verónica _____ (escoger) un vestido.

4. sus padres _____ (hacer) una reservación del salón.

5. Verónica les _____ (mandar) las invitaciones a sus familiares y amigos.

6. sus amigos _____ (buscar) regalos para ella.

2.14 **Tradiciones** La Navidad es muy importante para Rosa María. Ella escribe un mensaje de lo que quiere que sus amigos hagan para celebrar con ella. Completa su mensaje con la forma necesaria del subjuntivo.

¡Amigos! Ya casi es Navidad. Me alegra que todos piensen venir a celebrar la Nochebuena en mi casa, pero

necesito algunos favores. Eduardo: Es necesario que tú (1) _____ (traer) un postre para la cena.

Graciela y Gaby: Es mejor que no (2) _____ (olvidar) llegar temprano para ayudarme a cocinar.

Gaby: Es importante que (tú) me (3) _____ (mandar) la receta para la ensalada navideña. Es

buena idea que todos ustedes me (4) _____ (ayudar) a recordarles a los invitados la hora de

llegar. Maricela: Es urgente que me (5) _____ (prestar) tu vestido verde. Me encanta ese vestido.

Es importante que todos o (6) _____ (compartir – *to share*) un vehículo o (7) _____

(usar) el transporte público porque hay poco espacio para estacionar autos enfrente de mi casa. ¡Es mejor que

todos nosotros (8) _____ (divertirse) en la Nochebuena!

2.15 **En mi opinión** Completa las oraciones con la forma correcta del subjuntivo de los verbos entre paréntesis.

1. Es importante que los padres _____ (compartir) las historias de sus antepasados con sus hijos.

2. Es triste que las tradiciones a veces _____ (perderse).

3. Es imposible que una lengua no _____ (cambiar) con el paso del tiempo.

4. Es importante que los lazos familiares _____ (ser) fuertes.

5. Es preferible que nosotros _____ (conmemorar) la herencia cultural que heredamos.

6. Es necesario que todos _____ (respetar) los valores de otros grupos.

2.16 **No es buena idea** Es Navidad y tu hermano travieso *(mischievous)* tiene algunas ideas juguetonas *(playful)*. Respóndele a tu hermano y dile que no es una buena idea.

   Modelo   Vamos a encender todas las velas.   *No es buena idea que encendamos todas las velas.*

1. Vamos a esconder los regalos de nuestra hermanita. _____

_____

2. Vamos a comer las galletas de Santa Claus. _____

3. Vamos a abrir los regalos ahora. _____

4. Vamos a despertarnos a las 5 de la mañana para abrir los regalos.

_____

5. Vamos a buscar los regalos en la habitación de nuestros padres.

_____

6. Vamos a cerrar con llave la habitación de nuestra hermanita para que no salga de su cuarto.

_____

2.17 **La estudiante extranjera** Regina, una estudiante de Venezuela, va a estudiar en tu escuela este año. No conoce la cultura de los Estados Unidos. Completa las oraciones con recomendaciones para que *(so that)* se adapte bien a las costumbres de tu escuela en los Estados Unidos.

1. Es importante que _____

_____.

2. Es necesario que _____

_____.

3. Es posible que _____.

4. Es mala idea que _____.

5. Es recomendable que _____

_____.

6. Es mejor que _____.

2.18 **Reacciones** Escribe tu reacción a cada situación usando una expresión impersonal y el subjuntivo.

1. Muchos jóvenes no conocen la historia de su familia.

_____

_____

2. Con los avances en la tecnología, las tradiciones de una cultura a veces se mezclan *(to mix)* con las tradiciones de otra cultura.

_____

_____

3. Cuando hay dos culturas con lenguas distintas y se ponen en contacto, muchas veces aparece una lengua nueva.

_____

_____

4. En los Estados Unidos, muchas tradiciones regionales se pierden.

_____

_____

5. Los matrimonios de personas de culturas diferentes tienen más probabilidades de terminar en divorcio.

_____

_____

Practica la gramática 3

El subjuntivo con expresiones de deseo

2.19 **Conclusiones** Relaciona las situaciones con lo que las personas quieren. Después, completa las ideas con el verbo en subjuntivo.

1. Narciso tiene hambre.

2. Jesús no puede dormir.

3. Alexa no tiene auto.

4. Leonardo no encuentra su libro.

5. Gisela es muy romántica.

6. Nina tiene que viajar a Puerto Rico.

a. Espera que Ana _____ (apagar) el televisor.

b. Le pide a su amigo que le _____ (ayudar) a buscarlo.

c. Quiere que Lara _____ (preparar) la cena.

d. Espera que su novio le _____ (comprar) flores.

e. Desea que los boletos no _____ (costar) mucho.

f. Desea que el autobús _____ (pasar) muy pronto.

2.20 **Imagina** El maestro de educación física no está muy contento con el desempeño *(performance)* de sus estudiantes y quiere que cambien. Completa lo que dice usando un verbo de la lista.

aprender	decir	hacer	ir	llegar	ponerse	responder

1. Primero, señorita Rosales, quiero que _____ a tiempo por las mañanas.

2. Señor Almada y señor Noguera, les exijo que no _____ llamadas personales durante nuestra clase.

3. También les pido a todos que no _____ mensajes de texto.

4. Necesito que todos _____ la nueva rutina de calentamiento *(warm-up)*.

5. Señorita Martínez y señorita Flores, quiero que _____ su uniforme para hacer ejercicio ahora mismo.

6. Espero que todos me _____ si tienen preguntas.

2.21 **Conversación entre familia** La señora Molina y sus hijos están hablando de cosas que quieren cambiar. Completa sus deseos con la forma correcta del subjuntivo de los verbos entre paréntesis.

La señora Molina quiere que sus hijos...

1. _____ (ver) menos televisión.

2. no _____ (salir) con sus amigos todos los fines de semana.

3. _____ (ayudar) con los quehaceres de la casa.

4. _____ (decir) siempre la verdad.

Los hijos esperan que su madre...

5. no _____ (quejarse) de ellos enfrente de sus amigos.

6. _____ (cocinar) más carne y menos verduras.

7. les _____ (permitir) llegar más tarde de vez en cuando.

8. les _____ (comprar) un perro.

2.22 **La nueva generación** El señor Ávila da su opinión de las diferencias entre las generaciones. Completa el párrafo con la forma necesaria del verbo (infinitivo o subjuntivo).

La nueva generación es muy diferente. Ellos crecieron con la tecnología y esperan que todos

(1) _____ (estar) familiarizados con las computadoras. Muchos jóvenes de ahora exigen que sus

familias (2) _____ (darles) todo lo que ellos quieran. La nueva generación insiste en que nadie le

(3) _____ (prohibir) nada. Ellos esperan que sus padres los (4) _____ (dejar) hacer

lo que quieran. Además, la nueva generación desea que la vieja generación le (5) _____ (pedir)

sus recomendaciones cuando toma decisiones que afectan a todos. De su parte, la vieja generación le pide a

la nueva que la (6) _____ (respetar) y que (7) _____ (recordar) que no saben todo

todavía. Los dos grupos necesitan que el otro lo (8) _____ (entender).

2.23 **Recomendaciones** Contesta las preguntas con tus recomendaciones. Debes explicar por qué lo recomiendas.

1. ¿Qué le recomiendas a alguien que quiere aprender otra lengua? _____

   porque _____.

2. ¿Qué le sugieres a alguien que quiere estudiar en otro país? _____

   porque _____.

3. ¿Qué le aconsejas a alguien que va a llegar a tu país para estudiar? _____

   porque _____.

4. ¿Qué le recomiendas a alguien que no sabe hablar inglés bien? _____

   porque _____.

5. ¿Qué le sugieres a alguien que quiere asistir a eventos culturales en tu ciudad? _____

   porque _____.

¡Hora de escribir!

2.24 **Mi cultura** Alfredo is a Guatemalan student that is studying at your school. You have invited him to spend the winter holidays with you. Write him an email so that he will know what to expect.

Paso 1 Write a list of things that you do during the winter holidays. Include information about how you celebrate Christmas, Hanukkah, Kwanzaa, New Year's Eve, etc., how you prepare for the celebration, and any other activities you do during the winter holiday.

Paso 2 Think about the recommendations you would give to someone staying with you over the holidays. Include answers to the following questions: Is he expected to bring something? How should he dress? Are there behaviors that are considered unacceptable in regard to some of your traditions?

_____

_____

_____

_____

_____

_____

_____

_____

_____

_____

_____

_____

_____

_____

_____

Paso 3 Using the information you brainstormed in **Pasos 1** and **2,** write an email to Alfredo. Tell him how you spend the winter holiday and give advice where appropriate using commands and the subjunctive.

Paso 4 Edit your email:

1. Is your email logically organized?
2. Are there any short sentences you could combine?
3. Did you use the subjunctive correctly?
4. Did you use commands appropriately?
5. Do the verbs agree with their subjects?
6. Are there any spelling errors?

¡Hora de escuchar! 1

◀)) **2.25** **¿A qué se refiere?** Elige la respuesta lógica a las preguntas que vas a escuchar.
2-1

1. **a.** el Carnaval   **b.** la Noche de Brujas

2. **a.** los antepasados   **b.** la identidad

3. **a.** el ser humano   **b.** la gente

4. **a.** el legado   **b.** los lazos

5. **a.** la herencia cultural   **b.** las artesanías

6. **a.** la cocina   **b.** el asado

◀)) **2.26** **¿Es lógico?** Vas a escuchar varias afirmaciones sobre las costumbres y las tradiciones. Decide si
2-2   son lógicas o ilógicas.

1. lógica   ilógica

2. lógica   ilógica

3. lógica   ilógica

4. lógica   ilógica

5. lógica   ilógica

6. lógica   ilógica

◀)) **2.27** **Las tradiciones** Vas a escuchar seis preguntas sobre diferentes celebraciones. Para cada una,
2-3   selecciona la respuesta lógica entre las opciones de abajo.

a. Carnaval   **b. la Noche de Brujas**   **c. el Día de los Muertos**

1. _____

2. _____

3. _____

4. _____

5. _____

6. _____

Palabras útiles
el cementerio   *cemetery*
el monstruo   *monster*
el vampiro   *vampire*

Pronunciación

When you encounter a word you don't know, it is helpful to divide it into syllables so that you can more easily pronounce it. The most basic syllable structures are a vowel by itself (V) or a consonant-vowel (CV) as in **co-ci-na,** but consonants may also appear at the end of syllables and in groups. If two consonants appear together in a word, as in **celebrar,** <u>and</u> that consonant combination can appear at the beginning of a word, as in **bravo** or **brazo,** then they always stay in the same syllable, hence **ce-le-brar,** not **ce-leb-rar.** If the two consonants cannot appear together at the beginning of a word (for example, **tl**), then they must be divided (**at-lán-ti-co**).

2.28 **Las sílabas, parte 1** Divide las siguientes palabras en sílabas y pronúncialas. Después escucha la grabación y repite las palabras imitando la pronunciación que oyes.

2-4

1. hábito _____

2. recordar _____

3. valor _____

4. nacionalismo _____

5. ofrenda _____

6. artesanías_____

7. parentesco _____

8. respetar _____

9. folclor _____

10. festejar _____

¡Hora de escuchar! 2

◄)) **2.29** **La ofrenda** Es el Día de los Muertos y la señora Valdez quiere que sus estudiantes la ayuden a
2-5　　　　poner una ofrenda. Escucha sus indicaciones y decide quién hace las siguientes actividades.

1. _____ poner el mantel   **a.** Rosario

2. _____ decorar la mesa con flores   **b.** Vicente

3. _____ no comer el pan   **c.** Daniel

4. _____ no romper el papel picado   **d.** Gilda

5. _____ encender las velas   **e.** Mario

6. _____ tomar una foto   **f.** Rafa

◄)) **2.30** **A estudiar en el extranjero** El profesor Ramírez va a llevar a un grupo de estudiantes de
2-6　　　　los Estados Unidos a estudiar en Chile. Escucha sus recomendaciones y escoge **Cierto** si el profesor
　　　　recomendó la actividad. Escoge **Falso** si el profesor no la recomendó.

1. Cierto　Falso　　No deben salir de casa.

2. Cierto　Falso　　Deben salir a divertirse con amigos.

3. Cierto　Falso　　Deben buscar diferentes experiencias.

4. Cierto　Falso　　Deben practicar español con la gente.

5. Cierto　Falso　　Deben respetar a la familia y su casa.

6. Cierto　Falso　　Deben quedarse en un hotel.

7. Cierto　Falso　　No deben comer con la familia.

◄)) **2.31** **Consejos** Varios estudiantes llegaron a los Estados Unidos para estudiar. Escucha cada situación y
2-7　　　　escoge la mejor recomendación para cada uno.

1. _____   **a.** Es buena idea que busques a otras personas de tu país.

2. _____   **b.** Es necesario que les hagas preguntas a tus compañeros estadounidenses.

3. _____   **c.** Es recomendable que vayas donde haya otras personas, como un café.

4. _____   **d.** Es posible que hables con ellos por Internet.

5. _____   **e.** Es importante que busques oportunidades de practicar inglés.

6. _____   **f.** Es probable que los visites durante las vacaciones.

🔊 **2.32** **El Día de los Reyes Magos** Escucha la información y decide si las oraciones son ciertas
2-8   o falsas.

1. Cierto   Falso   Es normal que los niños le escriban una carta a Santa Claus.

2. Cierto   Falso   Es costumbre que los niños participen en un desfile.

3. Cierto   Falso   Es tradicional que las personas se reúnan con su familia el 6 de enero.

4. Cierto   Falso   Es típico que se coma la rosca de reyes.

5. Cierto   Falso   Es necesario que las personas que encuentren las figuras preparen una rosca de reyes.

🔊 **2.33** **¿Qué quieren?** Escucha las diferentes situaciones y decide qué respuesta completa la oración
2-9   mejor.

1. Diana quiere que...   **a.** alguien la ayude.   **b.** celebren el Día de los Reyes.

2. Saúl espera que...   **a.** haya suficiente carne.   **b.** sirvan verduras.

3. Reina prefiere que...   **a.** conduzcan a un club.   **b.** celebren en casa.

4. Leo desea que...   **a.** tengan cuidado.   **b.** jueguen con el fuego (*fire*).

5. Esmeralda necesita que... **a.** alguien la enseñe a bailar. **b.** alguien baile con ella.

🔊 **2.34** **Año Nuevo** Marina está un poco frustrada hoy. Escucha sus comentarios e indica si Marina quiere
2-10   que su esposo o su hija haga las siguientes actividades.

Marina quiere que...

1. (su esposo / su hija)   llame.

2. (su esposo / su hija)   ayude con las preparaciones.

3. (su esposo / su hija)   ponga la mesa.

4. (su esposo / su hija)   compre uvas.

5. (su esposo / su hija)   hable con los invitados.

6. (su esposo / su hija)   llegue pronto.

7. (su esposo / su hija)   abra la puerta.

Redacción

On a separate piece of paper, write a short informative essay explaining a tradition in a Spanish-speaking country.

Paso 1 Choose a Spanish-speaking country and use search keywords such as **tradiciones, festivales, celebraciones**, or **costumbres** to find a tradition that interests you. Try to research answers to the following questions: Why is it celebrated or important? What is the historical background? How is it practiced or celebrated today?

Paso 2 Find a piece of information about this tradition that might intrigue or surprise a reader. Then use it to write a short introductory paragraph. In the first sentence, grab your reader's attention with the surprising fact. In the following sentences, state what the tradition is called and when and where it is practiced.

Paso 3 Write a body paragraph with an explanation of the history of the tradition, followed by a description of what people do to practice the tradition today.

Paso 4 Write a conclusion paragraph in which you express why you think this tradition is important to people from the country you chose.

Paso 5 Edit your informative essay:

      1. Did you use the appropriate verb tenses?

      2. Does each adjective agree with the person or object it describes?

      3. Does each verb agree with its subject?

      4. Did you check your spelling, including accents?

CAPÍTULO 3 A la mesa

Practica el vocabulario

3.1 **¿De qué hablan?** Los Martínez tienen invitados esta noche. Completa la lista de compras y la lista de preparaciones de la señora Martínez con las siguientes palabras. **¡OJO!** Presta atención al género y número de los adjetivos.

asado(a)	congelado(a)	dulce	picante
botella	descremado(a)	frasco	porción

Comprar:

1. verduras _____

2. un _____ de mermelada

3. leche _____

4. dos _____ de jugo de naranja

Preparar:

5. ocho _____ de arroz

6. un litro de chocolate caliente no muy _____

7. una salsa _____

8. la carne _____

3.2 **Relaciones** Indica la palabra de cada grupo que no pertenece (*does not belong*).

1. la libra — el gramo — la merienda — el kilo

2. hornear — engordar — freír — asar

3. la porción — la grasa — las vitaminas — la fibra

4. la bolsa — el paquete — la lata — el colesterol

5. salado — embotellado — dulce — picante

6. consumir — aumentar — engordar — limitar

3.3 **La nutrición** Completa las oraciones con palabras lógicas del vocabulario.

1. Cuando se está a dieta para _____, se debe evitar comer muchas grasas, carbohidratos y calorías.

2. Se debe evitar la _____ porque no tiene muchos nutrientes y engorda.

3. Hornear es una manera más saludable de cocinar la carne que _____.

4. La leche, el yogur y el queso son productos _____ importantes.

5. Es necesario comer _____ si uno quiere añadir músculo.

6. El pan se hace con muchos diferentes tipos de _____.

7. El _____ se toma en Argentina. Es rico en vitaminas y se toma o dulce o amargo (*bitter*).

8. Una persona _____ no come carne.

3.4 **¿Estás seguro?** Marcela confunde el significado de algunas palabras. Identifica la palabra equivocada y substitúyela por una palabra lógica.

Modelo   Estoy a dieta y por eso limito las vitaminas que consumo.
Palabra equivocada: *las vitaminas* Corrección: *las calorías*

1. Para hacer un pastel debo freír los ingredientes por una hora en el horno.

Palabra equivocada: _____   Corrección: _____

2. Necesito comprar una botella de atún (*tuna*).

Palabra equivocada: _____   Corrección: _____

3. Compré un frasco de leche.

Palabra equivocada: _____   Corrección: _____

4. Las harinas se derivan (*come from*) de las legumbres.

Palabra equivocada: _____   Corrección: _____

5. La cena es una comida ligera (*light*) que se come después de la escuela.

Palabra equivocada: _____   Corrección: _____

6. No quiero adelgazar. Voy a ponerme a dieta.

Palabra equivocada: _____   Corrección: _____

3.5 **Comer bien** Completa el siguiente párrafo sobre cómo comer más saludable con las palabras y expresiones de la lista.

cereales	leche	ponerse a dieta
comida chatarra	merienda	saludable

Hay tantas formas de comer bien. Los (1) _____ son un alimento excelente para

desayunar, y además se les puede agregar (2) _____ descremada, que tiene proteínas.

Una buena opción para una (3) _____ es una taza de mate amargo y una fruta. Mucha

gente (4) _____ para mejorar la salud, no solo para adelgazar. Por ejemplo, mucha gente

intenta eliminar la (5) _____ de su dieta para tener una vida más saludable. Aunque

cuesta poco, esta comida no es (6) _____.

3.6 **Consejos** Un amigo te pide consejos sobre cómo mejorar su dieta. ¿Qué le respondes? Escribe oraciones completas.

1. ¿Qué hago para evitar comer comida chatarra? _____

_____

2. El médico dice que debo comer más carbohidratos. ¿Qué debo comprar en el supermercado?_____

_____

3. Me dicen que comemos demasiado en los Estados Unidos. ¿Qué hago para evitar esto? _____

_____

4. ¿Cómo reduzco la cantidad de calorías en mi dieta? _____

_____

5. Yo sé que debo comer más legumbres, pero no me gustan. ¿Qué puedo hacer? _____

_____

6. Los productos frescos cuestan mucho y yo tengo muy poco dinero. ¿Cómo puedo comer saludablemente

con un presupuesto *(budget)* limitado? _____

_____

Practica la gramática 1

Ser, estar, and *hay*

3.7 **Reseñas de restaurantes** Completa la siguiente crítica de un restaurante con la forma correcta de los verbos **ser, estar** o **haber.**

El salmón travieso (1) _____ un restaurante moderno con una decoración muy atractiva.

(2) _____ en el barrio San Miguel junto a la iglesia. El menú (3) _____ moderno,

pero (4) _____ algunos platillos *(dishes)* tradicionales, como los mariscos frescos y, por supuesto,

su salmón famoso. El servicio (5) _____ excelente, aunque a veces (6) _____ un

poquito lento. (7) _____ platos a precios altos, pero también ofrecen comida a precio moderado.

Además, (8) _____ una vista impresionante y romántica del mar. El restaurante

(9) _____ abierto *(open)* de martes a sábado, pero solamente para la cena.

3.8 **Conclusiones** Elige la conclusión lógica para cada situación.

1. ¡No me queda la ropa ya!

   a. Soy gordo.   **b.** Estoy gordo.

2. Creo que me voy a dormir en esta clase.

   a. Soy aburrida.   **b.** Estoy aburrida.

3. ¡Te queda muy bien este vestido!

   a. Eres muy guapa.   **b.** Estás muy guapa.

4. Esta receta *(recipe)* para la paella es la mejor.

   a. Es buena.   **b.** Está buena.

5. ¡Salió bien esta sopa!

   a. Es rica.   **b.** Está rica.

6. Ya podemos comer el almuerzo.

   a. Es listo.   **b.** Está listo.

3.9 **Entrevista de trabajo** El chef Luján entrevista a un cocinero para trabajar en su restaurante. Completa sus preguntas con la forma necesaria de **ser, estar** o **haber.**

1. ¿De dónde _____ usted?

2. ¿Por qué _____ interesado en trabajar para mi restaurante?

3. ¿En su familia _____ otros cocineros?

4. ¿Qué tipo de cocina _____ su especialidad?

5. ¿_____ listo para empezar la semana que viene?

6. ¿_____ solicitando empleo en otros sitios también?

3.10 **Una breve historia** Completa el párrafo con la forma apropiada de los verbos **ser, estar** y **haber.** ¡OJO! Todos los verbos están en el pretérito o el imperfecto.

Ayer (1) _____ el día de San Valentín e invité a mi novia a un restaurante... ¡(2) _____

un gran error! Para empezar, (3) _____ muchísima gente en el restaurante y tuvimos que esperar

por casi dos horas para conseguir una mesa. Cuando nos trajeron la comida, ¡(4) _____ fría!

Además, ¡(5) _____ la comida incorrecta! Mi novia es vegetariana, pero (6) _____

carne en su sopa. Parece que el camarero (7) _____ nuevo. Salimos sin comer.

¡(8) _____ un desastre!

3.11 **En lo personal** Completa las siguientes oraciones con tus opiniones. Usa la forma apropiada de los verbos **ser, estar** o **haber** y explica tu opinión con la palabra **porque.**

Modelo No me gustan los postres que _____.
No me gustan los postres que *están congelados porque me duelen los dientes.*

1. Creo que no se debe comer _____

_____

2. Una de mis comidas favoritas _____

_____

3. En mi opinión, la mejor comida es la comida que _____

_____

4. Me gusta ir a los restaurantes donde _____

_____

5. Creo que la comida chatarra _____

3.12 **La cena** Mira el dibujo y escribe seis oraciones para describirlo. Debes escribir dos oraciones con **ser,** dos con **estar** y dos con **haber.**

_____

_____

_____

_____

_____

_____

Practica la gramática 2

El subjuntivo con expresiones de duda

3.13 **Indecisión** Graciela quiere comenzar un negocio llevando comida para sus colegas en la oficina. Sin embargo, tiene algunas dudas. Completa sus ideas con el presente del indicativo o del subjuntivo, según sea necesario.

1. Estoy segura de que mis compañeros de trabajo siempre _____ (tener) hambre.

2. No estoy segura de que ellos _____ (querer) gastar mucho dinero en comida.

3. Pienso que yo _____ (poder) llevarles comida barata y nutritiva.

4. No creo que _____ (haber) mucha oposición.

5. Tal vez no _____ (poder) llevarles a todos el almuerzo rápidamente.

6. Creo que _____ (ser) mejor empezar con cinco colegas y ver cómo procede *(see how it goes).*

3.14 **El menú de cumpleaños** Juan Carlos está organizando una fiesta de cumpleaños para su mejor amiga, Sara. Es la primera vez que la organiza y le pide ayuda a su amiga Gloria. Completa su conversación. Debes decidir si se necesita el subjuntivo o no.

GLORIA: ¿Cuántos años cumple Sara?

JUAN CARLOS: Me parece que (1) _____ (cumplir – *to turn*) veinte años.

GLORIA: ¿Sabes si a ella le gusta el chocolate?

JUAN CARLOS: No estoy seguro de que (2) _____ (gustarle) el chocolate, pero sé que

(3) _____ (fascinarle) la vainilla.

GLORIA: Yo no creo que nosotros (4) _____ (tener) suficiente tiempo para preparar un pastel

adecuado, pero yo sé que la panadería en el centro (ellos) los (5) _____ (hacer) muy buenos.

JUAN CARLOS: Yo conozco ese sitio, pero creo que (6) _____ (estar) cerrado el domingo de su

cumpleaños.

GLORIA: Yo pienso que tú (7) _____ (poder) pedir el pastel para el sábado. No creo que un día

(8) _____ (afectar) el sabor del pastel.

JUAN CARLOS: ¡Mil gracias, Gloria!

3.15 **Un menú para una vegetariana** La familia Carmona va a recibir a una amiga, Mariana, que es vegetariana, y están tratando de decidir el mejor menú para la semana. Completa las ideas con el indicativo o el subjuntivo de los verbos entre paréntesis.

SEÑORA CARMONA: Me parece que Mariana (1) _____ (comer) pescado.

SEÑOR CARMONA: Dudo que ella (2) _____ (consumir) pescado, pero creo que

(3) _____ (gustarle) los huevos.

SEÑORA CARMONA: ¿Piensas que ella (4) _____ (ser) vegetariana porque no quiere engordar?

SEÑOR CARMONA: No creo que (5) _____ (evitar) la carne por eso. Ella simplemente quiere

comer una dieta sana.

SEÑORA CARMONA: Ella es preciosa. No me parece mal que ella (6) _____ (venir).

SEÑOR CARMONA: A mí tampoco me parece mal. Posiblemente (7) _____ (quedarse) más

tiempo de lo planeado, pero volvamos al menú.

3.16 **Diplomático** Gracias a un mensaje que Mariana escribió, ahora la familia Carmona sabe más sobre su dieta. Completa el párrafo con la forma correcta de los verbos.

Es obvio que Mariana no (1) _____ (querer) comer tamales, porque se hacen con manteca

(lard). Creo que nosotros (2) _____ (deber) comprar muchas fresas, porque es la fruta favorita

de Mariana. No pienso que (3) _____ (tomar) nada con cafeína, por eso no le podemos servir

el mate, pero es seguro que (4) _____ (gustarle) las legumbres, y pienso hacer una sopa rica con

ellas. Posiblemente (5) _____ (estar) a favor de comer en un restaurante si conseguimos una copia

del menú de antemano. Puede ser que no (6) _____ (poder) comer en ningún lugar fuera de la

casa, pero tal vez el restaurante El Napolitano (7) _____ (tener) algunas selecciones vegetarianas.

¡Quizás nosotros (8) _____ (adelgazar) por comer como ella!

3.17 **¿Qué dices?** Completa las oraciones con tus ideas. Atención al uso del subjuntivo.

1. Un amigo está a dieta. ¿Qué le dices?

Supongo que _____

2. Tu hermana es vegetariana ahora. ¿Qué le dices?

Quizá _____

3. Unos compañeros comen mucha comida chatarra. ¿Qué les dices?

No pienso que _____

4. Una amiga quiere comer más saludable. ¿Qué le dices?

Es obvio que _____

5. Tu pareja quiere aprender a cocinar mejor. ¿Qué le dices?

Tal vez _____

6. Tus hijos no quieren comer lo que preparaste para la cena. ¿Qué les dices?

No creo que _____

3.18 **¿Qué piensas?** Mira el dibujo en la actividad 3.12 y expresa lo que piensas usando las siguientes expresiones. Escribe por lo menos seis oraciones.

(no) creo que	**es obvio que**	**(no) pienso que**	
(no) dudo que	**me parece que**	**quizá(s)**	**tal vez**

_____

_____

_____

_____

_____

_____

_____

_____

_____

Practica la gramática 3

El subjuntivo con expresiones de emoción

3.19 **El diario** Julián está contento de que su amigo Jaime venga de visita este verano. Completa el mensaje que Julián le escribió a Jaime con los verbos en la forma apropiada del subjuntivo.

Querido Jaime:

¿Cómo estás? A mi familia y a mí nos alegra que tú (1) _____ (pensar) visitarnos este verano.

Nos parece bien que (tú) (2) _____ (llegar) en un vuelo (*flight*) temprano por la mañana...

solamente tengo miedo de que no (3) _____ (gustarte) la comida que mis padres preparan. Me

preocupa que (4) _____ (estar) un poco picante para ti. Bueno, vamos a ver. Por otra parte me

emociona mucho que (yo) te (5) _____ (poder) mostrar nuestra linda ciudad. Me interesa que

(6) _____ (ver) la plaza mayor y la catedral, y me encanta que (7) _____ (querer) ver

muchos lugares históricos. Si te disgusta que nosotros (8) _____ (visitar) solamente lo histórico,

también podemos ir a unos parques para disfrutar de la naturaleza.

¡Hasta pronto!

Julián

3.20 La preocupona Piedad siempre se preocupa por lo que come Pablo, su esposo. Esta noche están cenando en un restaurante. Completa su conversación con el infinitivo o el subjuntivo del verbo indicado.

PABLO: Me alegro que (1) _____ (haber) pollo frito en el menú.

PIEDAD: Mi amor, me sorprende que tú (2) _____ (querer) pedir pollo frito. ¿No te preocupa que

el pollo (3) _____ (tener) mucha grasa y que (4) _____ (poder) afectar tu colesterol?

PABLO: Yo sé, pero me encanta (5) _____ (comer) el pollo frito que prepara el chef Paco.

PIEDAD: ¿No te parece bien (6) _____ (probar) la ensalada? ¿o la sopa de legumbres? Las

legumbres tienen mucha fibra.

PABLO: Mi amor, tú siempre nos cocinas comida saludable en la casa. No me parece mal que nosotros

(7) _____ (disfrutar) de una comida rica de vez en cuando.

PIEDAD: De acuerdo. Pero me parece buena idea (8) _____ (limitar) la cantidad, ¿no?

3.21 Los invitados Bernarda quiere tener una cena familiar. Para planear el menú tiene que pensar en los gustos de todos. Completa las oraciones con el infinitivo o el subjuntivo del verbo indicado.

1. A su papá le gusta _____ (comer) la comida frita.

2. Su abuela tiene la presión alta y le preocupa que la comida _____ (tener) mucha sal.

3. Su hermana es vegetariana y le molesta que ella _____ (servir) la carne y las verduras en el mismo plato.

4. Su hermano tiene diabetes y le frustra que tiene que _____ (evitar) el azúcar.

5. Su mamá tiene una alergia al gluten y le asusta que todo _____ (contener) la harina de trigo (wheat).

6. A sus primos les encanta que los postres _____ (ser) muy dulces.

7. Sus tíos tienen miedo que _____ (haber) solamente una ensalada.

8. Ella misma teme _____ (engordar) y por eso quiere preparar algo bajo en calorías.

3.22 **Responsabilidades** Mariela y Flor son hermanas. Sus padres van de vacaciones y ellas se quedan con su abuela. Están hablando de sus responsabilidades como huéspedes (guests). Completa su conversación con el infinitivo o el subjuntivo del verbo indicado.

FLOR: ¿Qué te parece si tú haces los quehaceres y yo cocino?

MARIELA: Me sorprende que tú (1) (querer) _____ cocinar... pensé que no sabías cocinar.

FLOR: Es cierto, pero me gusta (2) (aprender) _____ cosas nuevas.

MARIELA: Me encanta que (3) (tú/desear) _____ aprender a cocinar, pero la verdad es que me

asusta que (4) (nosotros/tener) _____ que comer tu comida.

FLOR: Hmmm. Me molesta que tú no (5) (creer) _____ en mí, pero estoy dispuesta a limpiar yo, si

tú cocinas todos los días.

MARIELA: ¡Gracias! Pero tengo miedo de (6) (dividir) _____ todo así. Me parece bien

(7) (hacer) _____ un trato (compromise). ¿No te parece mejor que

(8) (nosotros / cambiar) _____ cada semana?

3.23 **Opiniones** Expresa tu reacción a las afirmaciones usando los verbos de la lista. Escribe oraciones completas.

alegrar	disgustar	encantar	frustrar	molestar	preocupar
asustar	emocionar	enojar	importar	parecer bien/mal	sorprender

    Modelo   El chocolate engorda. *¡Me frustra que el chocolate engorde!*

1. Está prohibido vender refrescos en tamaños familiares en los restaurantes de Nueva York.

_____

2. Muchos quieren limitar la cantidad de calorías que se puede comer en las escuelas.

_____

3. Mucha gente exige que se liste todos los ingredientes en las etiquetas de comida.

_____

4. La comida orgánica cuesta mucho.

_____

5. La comida chatarra cuesta poco.

_____

6. La comida procesada es fácil de preparar.

_____

3.24 **¿Cómo reaccionan?** Lee las siguientes oraciones. Escoge una de las personas de la lista y explica cómo reacciona usando un verbo de emoción y por qué reacciona así. Atención al uso del subjuntivo.

un chef	**un estudiante**	**una madre**	**un niño**
un doctor	**un granjero** (farmer)	**un maestro**	**un vegetariano**

Modelo La carne roja tiene colesterol.
Al vegetariano no le importa que la carne roja tenga mucho colesterol porque no la come.

1. Hoy en día la gente come menos comida fresca.

_____

porque _____

2. Hay mucha azúcar en la comida procesada.

_____

porque _____

3. Las legumbres tienen vitaminas y mucha fibra.

_____

porque _____

4. Las porciones en los restaurantes norteamericanos son enormes.

_____

porque _____

5. Las bebidas de energía son muy populares.

_____

porque _____

6. Es más caro comprar comida saludable.

_____

porque _____

¡Hora de escribir!

3.25 **Ayuda** Imagine you write an advice column for a magazine and have received an email from a reader that wants to start eating healthier, but is not sure how to go about it. Write a response to the reader.

Paso 1 Brainstorm a list of healthy eating habits. Include answers to the following questions: What should be reduced or eliminated from one's diet? What should one eat more of? What kinds of food should one purchase?

Paso 2 Using the information you brainstormed in **Paso 1,** write an email to the reader giving him at least six suggestions as to how he might change his eating habits. Remember to use **ser, estar, haber,** and the subjunctive or indicative moods as necessary.

_____

_____

_____

_____

_____

_____

_____

_____

_____

_____

_____

_____

_____

_____

Paso 3 Edit your email:

1. Is your response logically organized?

2. Are there any short sentences you could combine?

3. Did you use **ser, estar,** and **haber** correctly?

4. Did you use the subjunctive when necessary?

5. Is your spelling correct?

¡Hora de escuchar! 1

◀)) **3.26** **La respuesta** Vas a escuchar varias preguntas. Elige la respuesta lógica para cada una.
3-1

1. **a.** una lata   **b.** cien gramos   **c.** una botella

2. **a.** dos botellas   **b.** doscientos gramos   **c.** dos frascos

3. **a.** Se debe freír.   **b.** Se debe hornear.   **c.** Se debe congelar.

4. **a.** Tienen proteínas.   **b.** Engordan.   **c.** Tienen vitaminas.

5. **a.** los lácteos   **b.** las legumbres   **c.** los cereales

◀)) **3.27** **¿Qué es?** Vas a escuchar seis definiciones. Para cada definición, escribe la palabra a la que se refiere.
3-2

    Modelo Escuchas: A los vegetarianos les gustan y tienen muchas proteínas. Un ejemplo son los frijoles.
          Escribes: *legumbres*

1. _____

2. _____

3. _____

4. _____

5. _____

6. _____

◀)) **3.28** **Conclusiones** Vas a escuchar algunos comentarios. Elige de la lista la solución más lógica para
3-3 cada situación que escuchas.

    Modelo Escuchas: Me encanta el pescado.
          Respondes: *g* (Vamos a comprar sushi.)

1. _____   **a.** Debe comer más calorías.

2. _____   **b.** Necesitan comprarla embotellada.

3. _____   **c.** Debemos preparar una merienda para llevar.

4. _____   **d.** No debe comer carne.

5. _____   **e.** No debe comprar mucha antes de probarla.

                  f. Necesita eliminar la comida chatarra.

                  g. Vamos a comprar sushi.

Pronunciación

You may have noticed that in Spanish one syllable receives more stress than the others when a word is pronounced. That syllable is called the tonic syllable **(la sílaba tónica)**; identifying it can help you to pronounce new words. How do you identify the tonic syllable when faced with an unfamiliar word?

1. If a word has a written accent, the accent is placed on the vowel of the tonic syllable. When pronouncing the word, this syllable is stressed.

2. If there is no written accent, the stress will fall on the last syllable (if the word ends in a consonant, other than **n** or **s**) or on the next-to-last syllable (if the words ends in a vowel, **n** or **s**).

3.29 **Sílabas tónicas** Lee las siguientes palabras e indica qué sílaba es tónica. Después escucha la grabación para verificar tus respuestas y repite las palabras imitando la pronunciación que oyes.

3-4

1. proteínas _____

2. colesterol _____

3. merienda _____

4. saludable _____

5. evitar _____

6. carbohidrato _____

7. harinas _____

8. cereal _____

9. lácteos _____

10. vegetariano _____

¡Hora de escuchar! 2

3.30 **Conversaciones** Escucha las conversaciones y escoge la conclusión más lógica para cada una.

3-5

1. _____   **a.** Está delgado.

2. _____   **b.** Están listos.

3. _____   **c.** Está frío.

4. _____   **d.** Están verdes.

5. _____   **e.** Está rico.

3.31 **¿Qué prefieren?** Escucha mientras varias personas hablan de sus comidas tradicionales y escribe
3-6   la letra del plato que les gustaría *(would like)* más.

1. _____ Yolanda   **a.** carne con chimichurri

2. _____ Ignacio   **b.** ensalada de frutas

3. _____ Marcelo   **c.** pastel de papa

4. _____ Esperanza   **d.** tamal de pollo

5. _____ Virgilio   **e.** coctel de camarones

                                    f. sopa de frijol con arroz

3.32 **Una dieta saludable** En un programa de radio, un nutricionista responde la pregunta de
3-7   un radioyente *(listener)* que quiere saber cómo comer saludable. Lee las oraciones a continuación.
       Después, escucha su respuesta e indica cuáles de las siguientes ideas menciona.

1. _____ Es buena idea comer de diferentes grupos de comida.

2. _____ Hay comidas que no tienen ningún beneficio.

3. _____ Los legumbres tienen mucha proteína.

4. _____ La carne roja puede afectar el nivel de colesterol.

5. _____ La fibra es buena para la digestión.

6. _____ Se debe comer muchas verduras.

7. _____ Se debe evitar la comida chatarra.

3.33 **Recomendaciones** Un grupo de amigos está en un restaurante para cenar. Escucha sus
3-8   comentarios sobre sus preferencias y restricciones alimenticias y decide si son lógicos o no.

1. lógico   ilógico

2. lógico   ilógico

3. lógico   ilógico

4. lógico   ilógico

5. lógico   ilógico

◀)) **3.34** **Reacciones** Lee las reacciones siguientes. Después, escucha los comentarios e indica cuál es la
3-9   reacción más lógica a cada comentario.

1. _____   **a.** Me alegra que quieras comer mejor.

2. _____   **b.** Me sorprende que no te guste la fruta.

3. _____   **c.** Me molesta que no nos den una comida balanceada y nutritiva.

4. _____   **d.** Temo que no vayas a tener suficiente proteína en tu dieta.

5. _____   **e.** Me preocupa que nunca comas comida fresca.

◀)) **3.35** **Visita al médico** Vas a escuchar una breve historia. Escucha con atención y decide si las oraciones
3-10   son ciertas o falsas. Si son falsas, escribe una corrección.

1. Cierto   Falso   Miguel va al médico porque tiene problemas con el estómago. _____

_____

2. Cierto   Falso   Al médico le preocupa la dieta de Miguel. _____

_____

3. Cierto   Falso   El médico le sugiere que elimine las grasas de su dieta. _____

_____

4. Cierto   Falso   A Miguel no le molesta que el médico le prohíba las comidas picantes. _____

_____

5. Cierto   Falso   Miguel no quiere comer la comida que su esposa preparó. _____

_____

Redacción

On a separate piece of paper, write a short essay discussing your eating preferences and describing one of your favorite dishes.

Paso 1 Jot down answers to the following questions: What types of foods do you prefer? Are there flavors (**dulce, picante,** etc.) you especially like? What foods do you not like? Do you have any allergies or dietary restrictions?

Paso 2 Choose one of your favorite dishes, and jot down answers to the following questions: Where is the recipe from? Does it have a particular ingredient that you especially like? When is it served? Who usually makes it?

Paso 3 Brainstorm a list of descriptors of the dish you chose. Think about the following: What does it look like? Is it hot or cold? Is it sweet, salty, or spicy?

Paso 4 Write an introductory paragraph in which you discuss your eating preferences using the information you brainstormed in **Paso 1.**

Paso 5 Write a body paragraph in which you introduce your reader to your favorite dish using the information you brainstormed in **Paso 2,** then describe its appearance and flavor using the information in **Paso 3.**

Paso 6 Write a concluding paragraph explaining why this dish is special to you (emotional reasons, the holiday you usually eat it during, its flavor, etc.).

Paso 7 Edit your essay.

    1. Do the ideas in each paragraph flow logically? Are there transitions between ideas?

    2. Does each verb agree with its subject?

    3. Have you used **ser, estar,** and **hay** appropriately?

    4. Do adjectives and articles agree with the nouns they describe?

CAPÍTULO 4   Héroes y villanos

Practica el vocabulario

4.1 **Ideas incompletas** Completa la definición con la palabra que mejor corresponde.

1. El período histórico asociado con la derrota de las civilizaciones de América por los europeos se conoce

   como la _____.

2. Un verbo que significa quitarle el poder a un líder de un país o un gobierno es _____.

3. Un cambio rápido y violento en el sistema de gobierno, generalmente por intervención militar, es un

   _____.

4. Una persona que no sigue las leyes es un _____.

5. Un sistema de gobierno en que cada persona tiene voz es una _____.

6. Un gobierno que existe por muchos años sin períodos turbulentos tiene _____.

4.2 **Relaciones** Asocia cada frase con la palabra a la que se refiere.

____ 1. Es la acción de elegir representantes.

____ 2. Es algo que los ciudadanos deben tener por ley según la sociedad.

____ 3. Es un grupo de gente con las mismas creencias que quieren
gobernar un país.

____ 4. Es una persona admirada por acciones positivas.

____ 5. Una persona que tiene esta característica hace cosas
sin pensar en sí mismo (themselves).

____ 6. Es el proceso de crecer y avanzar.

____ 7. Es un tipo de gobierno caracterizado por la crueldad y la opresión.

a. un héroe

b. una dictadura

c. los derechos

d. el desarrollo

e. votar

f. altruista

g. un partido político

4.3 **No pertenece.** Indica cuál de las palabras de cada grupo no pertenece *(belong)*.

1. dictadura   democracia   nacionalización

2. justo   leal   traidor

3. injusticia   criminal   ética

4. estabilidad   golpe de estado   derrocar

5. valiente   fuerte   débil

6. egoísta   altruista   humilde

4.4 **Preguntas y respuestas** Escoge la respuesta lógica a las siguientes preguntas.

1. ¿Por qué es un héroe?

2. ¿Qué hizo el ejército?

3. ¿Qué es un traidor?

4. ¿Qué hizo el dictador?

5. ¿Cómo es una persona altruista?

6. ¿Cómo logró ser presidente?

a. Derrocó al presidente actual.

b. Venció a los otros partidos políticos.

c. Es una persona humilde.

d. Es valiente y honesto, y trabaja contra las injusticias.

e. Hizo un golpe de estado.

f. Es una persona que miente y ayuda al enemigo.

4.5 **Ideas interesantes** Completa cada oración con la forma correcta del pretérito de un verbo de la lista. Debes usar un verbo diferente para cada oración.

    apoyar   **derrocar**   **durar**   **elegir**   **llegar**   **luchar**   **vencer**

1. Los partidos políticos _____ la nueva ley sugerida por el presidente.

2. César Chávez _____ por los derechos de los trabajadores en los Estados Unidos.

3. El período de la dictadura de Franco en España _____ 35 años.

4. Los países de Centroamérica _____ a un acuerdo de paz *(peace treaty)* gracias al trabajo de Oscar Arias Sánchez.

5. Durante los años 60, Fidel Castro y sus seguidores _____ al gobierno de Fulgencio Batista.

6. En las elecciones de 2012 en los Estados Unidos, el pueblo _____ a Barack Obama.

4.6 **Opiniones** Completa las oraciones con tus opiniones.

1. Es una injusticia que _____
_____.

2. Los jóvenes de hoy deben luchar para _____
_____.

3. Las cualidades más importantes de un líder son _____
_____.

4. Un ejemplo de un acto cobarde es _____
_____.

5. Pienso que el fortalecimiento de un país depende de _____
_____.

6. Creo que es importante luchar por _____
_____.

Practica la gramática 1

El pretérito y el imperfecto II

4.7 **Che** Completa el siguiente párrafo sobre Che Guevara, una personalidad controvertida en la historia de Latinoamérica. Decide si necesitas el pretérito o el imperfecto.

Cuando Ernesto "Che" Guevara (1) (comenzaba / comenzó) su viaje por Latinoamérica no (2) (sabía / supo) que (3) (había / hubo) tanta pobreza e injusticia en el mundo. Al viajar por los diferentes países, (4) (conocía / conoció) a muchas personas, la mayoría indígenas y gente humilde. Le (5) (frustraba / frustró) la desigualdad *(inequality)* que (6) (existía / existió). (7) (Decidía / Decidió) que él (8) (tenía / tuvo) que hacer algo. Como no (9) (podía /pudo) ser testigo *(witness)* del sufrimiento sin hacer nada, en vez de *(instead of)* ejercer su profesión de médico se (10) (hacía / hizo) revolucionario.

4.8 **El día de Armando** Armando es estudiante de Ciencias Políticas. Ayer tuvo un día un poco inusual. Usa la información para describir cómo fue su día. Deberás decidir entre usar el pretérito o el imperfecto.

Primero, Armando (1) _____ (levantarse) y después (2) _____ (ir) al baño para

arreglarse. De repente, Armando (3) _____ (escuchar) mucho ruido en la calle mientras

(4) _____ (ducharse). Armando (5) _____ (ver) por la ventana...

¡(6) _____ (Haber) una marcha contra el presidente! Armando (7) _____ (vestirse)

rápidamente y (8) _____ (correr) a la calle. Allá, (9) _____ (saber) de otra

persona que la gente (10) _____ (marchar) a la residencia presidencial. El presidente

(11) _____ (decir) que (12) _____ (querer) nacionalizar las tierras agrícolas

(farm lands) y la gente marchando (13) _____ (estar) en contra de esta nueva política.

Armando (14) _____ (volver) a casa para escribir lo que había visto en su blog.

4.9 **Romero** Completa el párrafo con la forma apropiada del pretérito o del imperfecto del verbo entre paréntesis.

Óscar Romero (1) _____ (comenzar) sus estudios para ser cura *(priest)* cuando

(2) _____ (tener) 13 años. En 1937 él (3) _____ (viajar) a Roma donde

(4) _____ (quedarse) por 4 años para terminar sus estudios. Después (5) _____

(volver) a El Salvador para comenzar su carrera. (6) _____ (Ser) un hombre muy respetado y

poco a poco (7) _____ (avanzar) dentro de la Iglesia hasta llegar a ser arzobispo *(archbishop)*.

La gente en su comunidad lo (8) _____ (querer) mucho y él los (9) _____ (apoyar).

Cuando Romero (10) _____ (saber) sobre las violaciones de los derechos de los campesinos

(peasants) (11) _____ (empezar) a criticar la situación públicamente. Romero

(12) _____ (perder) su vida poco después.

4.10 **Héroes cotidianos** *(everyday)* Completa las mini historias con la forma apropiada del verbo entre paréntesis. Atención al uso del pretérito y del imperfecto.

1. Cuando _____ (llegar) la ambulancia con un hombre que _____ (estar) muy mal, la doctora _____ (correr) para ayudarlo.

2. El policía _____ (escuchar) a un señor que _____ (gritar – *to shout*) mientras dos jóvenes _____ (salir) de su tienda. Ellos _____ (empezar) a correr y él los _____ (seguir).

3. El niño _____ (sentirse) muy frustrado mientras _____ (aprender) a leer, pero el maestro lo _____ (ayudar) y _____ (poder) terminar el libro.

4. Una mujer en la tienda de comestibles _____ (comprar) comida, pero no _____ (tener) suficiente dinero. El hombre detrás de ella _____ (pagar) el resto de su cuenta.

5. Un joven _____ (pasar) por el centro de una ciudad grande. _____ (Ver) a un hombre a quien le _____ (faltar – *to lack*) zapatos. El joven le _____ (dar) sus propios zapatos.

4.11 **El accidente** Completa las siguientes oraciones de una forma original para contar la historia de un accidente.

1. Renata conducía por la calle cuando de repente _____

_____.

2. Intentó evitar un accidente pero _____

_____.

3. Édgar vio el accidente mientras _____

_____.

4. Inmediatamente llamó por una ambulancia porque _____

_____.

5. Cuando llegaron los paramédicos _____

_____.

6. Afortunadamente las acciones salvaron la vida de Renata y ella _____

_____.

4.12 **Héroes** Mira la ilustración y escribe un párrafo para explicar lo que pasó. Atención al uso del pretérito y del imperfecto.

Palabras útiles
los bomberos *firefighters*
el humo *smoke*
el incendio *fire*
quemar *to burn*

_____

_____

_____

_____

_____

_____

_____

_____

Practica la gramática 2

El imperfecto del subjuntivo

4.13 **¿Qué querían?** Los miembros de un partido político se reunieron y expresaron sus deseos. Completa el resumen de lo que querían.

1. El señor López exigió que _____ (haber) más transparencia en las elecciones.

2. Los voluntarios querían que el partido les _____ (pagar) gastos de viaje *(travel expenses)*.

3. Las mujeres exigieron que el partido les _____ (dar) tratamiento igualitario *(equal treatment)*.

4. El presidente prefería que el grupo minoritario y el grupo mayoritario _____ (coincidir) en

los puntos importantes.

5. El grupo minoritario quería que el partido _____ (aprobar – *to approve*) una nueva ley.

6. El grupo mayoritario insistía en que todos _____ (escuchar) sus ideas para la nueva campaña.

4.14 **Evita Perón** La famosa ex primera dama de Argentina tuvo una vida muy interesante. Completa cada oración con una conclusión lógica conjugando el verbo entre paréntesis en la forma apropiada del imperfecto del subjuntivo.

1. Cuando Evita conoció al presidente, ella esperó que él...

2. Cuando trabajaba como actriz deseaba un papel que...

3. A muchos argentinos les molestó que Evita...

4. Cuando renunció a ser candidata para el puesto de vicepresidente, ella parecía abnegada, pero algunos no dudaban que ella...

5. Ella luchaba mucho para que las mujeres...

6. Le importaba mucho que los pobres...

a. (casarse) _____ con el presidente.

b. (invitarla) _____ a salir.

c. (obtener) _____ el derecho a voto.

d. (darle) _____ popularidad.

e. (recibir) _____ las mismas oportunidades que los ricos.

f. (tener) _____ ambiciones políticas.

4.15 **Un presidente controvertido** Lázaro Cárdenas fue un presidente controvertido de México. Completa el siguiente párrafo sobre su vida usando la forma correcta del imperfecto del subjuntivo.

Lázaro Cárdenas (1895–1970) fue un hombre con muchos ideales. Aunque tuvo un origen humilde, trabajó

desde muy pequeño para ayudar a mantener *(support)* a su familia. Su madre deseaba que Lázaro

(1) _____ (hacerse) maestro, pero finalmente a Lázaro le atrajo más la política. Tuvo mucho éxito

y se convirtió en presidente de México en 1934. Cárdenas quería que muchas personas (2) _____

(tener) tierra para cultivar. También deseaba que su gobierno les (3) _____ (dar) más dinero

a las escuelas y (4) _____ (mejorar) la educación del país. Sin embargo, Cárdenas tenía

algunos enemigos. La iglesia, por ejemplo, no quería que Cárdenas (5) _____ (ser) presidente

y las empresas petroleras *(oil companies)* tampoco les gustaba este presidente porque logró que su

gobierno nacionalizara sus industrias. A pesar *(despite)* de esto, Lázaro Cárdenas nunca quiso que lo

(6) _____ (acompañar) ningún guardaespaldas *(bodyguard)*. Gozaba de tanta popularidad que

nunca tuvo miedo de que alguien (7) _____ (querer) hacerle daño.

4.16 **Malos entendidos** ¿Por qué se enojaron o se alegraron los siguientes héroes? Usa el pretérito y el imperfecto del subjuntivo con las pistas *(clues)* entre paréntesis para decir por qué.

Modelo ¿Qué le molestó al hombre araña *(Spiderman)?* (unos niños / echarle *(to throw on him)* insecticida)
Al hombre araña le molestó que unos niños le echaran insecticida.

1. ¿Qué les enojó a Batman y a Robin? (Alfredo / poner sus trajes en la secadora)

2. ¿Qué le alegró a Supermán? (Luisa Lane / darle un beso)

3. ¿Qué les alegró a las Tortugas Ninja? (April / ayudarles)

4. ¿Qué le alegró a la Mujer Maravilla? (Diana Prince / cambiar de identidad con ella)

5. ¿Qué le enojó al increíble Hulk? (su asistente / romper un vaso en el laboratorio)

6. ¿Qué le enojó al hombre invisible? (nevar)

4.17 **Conferencia de prensa** El presidente tiene que responder a varios comentarios y preguntas en una conferencia de prensa *(press)*. Completa sus oraciones de forma original. Atención al uso del subjuntivo y del indicativo.

1. Los senadores insistían en que (yo) _____

_____.

2. Era importante que los votantes *(voters)* _____

_____.

3. Creía que mi plan económico _____

_____.

4. Yo no sabía que los ciudadanos _____

_____.

5. Me importaba que las ciudades _____

_____.

6. Me molestaba que la prensa _____

_____.

4.18 **Mi vida** ¿Qué esperabas de otras personas cuando eras niño? ¿Y qué querían ellos de ti? Completa las ideas con tus experiencias.

1. Yo quería que mis padres _____

   _____.

2. Me molestaba que mis amigos _____

   _____.

3. Mi familia deseaba que yo _____

   _____.

4. Yo esperaba que en mi cumpleaños _____

   _____.

5. Yo soñaba con que mi héroe favorito _____

   _____.

6. En la escuela me gustaba que mi maestro _____

   _____.

Practica la gramática 3

El subjuntivo con claúsulas adjetivales

4.19 **El presidente ideal** Unos amigos están discutiendo de política, y expresan lo que quieren y lo que no quieren en el próximo presidente. Completa sus ideas con el subjuntivo o el indicativo, según sea necesario.

1. Yo quiero un presidente que _____ (ser) honesto.

2. Yo voy a votar por el candidato que _____ (enseñar) en una universidad pública.

3. Pues yo prefiero un líder que _____ (saber) hablar muchos idiomas.

4. Yo voy a votar por el presidente que _____ (tener) nosotros ahora. ¡Es muy bueno!

5. Yo quiero un presidente que _____ (poder) asegurar la estabilidad de la economía.

6. Yo prefiero un candidato que _____ (luchar) por los derechos humanos.

4.20 **Creatividad** A Salma y a Penélope les pidieron que escribieran un cuento original en su clase de redacción. Ellas están hablando de cómo debe ser el cuento. Completa su conversación con el subjuntivo o el indicativo, según sea necesario.

SALMA: ¡Escribamos una historia donde el villano es el héroe!

PENÉLOPE: ¡Buena idea! Yo quiero que el villano (1) _____ (ser) muy, muy feo.

SALMA: Está bien. Yo quiero un villano que no (2) _____ (tener) familia ni amigos.

PENÉLOPE: ¿Qué te parece si nuestra historia transcurre *(takes place)* en el pueblito que

(3) _____ (estar) a diez kilómetros de aquí?

SALMA: Muy bien… ¿Cómo podemos comenzar la historia? Yo prefiero una historia que

(4) _____ (captar) la atención del lector en el primer párrafo.

PENÉLOPE: Claro. Por eso necesitamos un héroe que (5) _____ (evocar) una reacción fuerte.

SALMA: ¿Conoces a alguien que (6) _____ (poder) servir como ejemplo?

PENÉLOPE: Sí, hay alguien en mi clase de biología que yo (7) _____ (admirar) mucho.

SALMA: Bien. Empezamos con él en el pueblito. Yo prefiero un trama *(plot)* que (8) _____

(incluir) un elemento misterioso.

PENÉLOPE: Yo también. ¡Nuestro cuento será fantástico!

4.21 **De compras** Juan Ramón y Fernando quieren comprar un regalo para su madre y van a un centro comercial. Completa su conversación. Observa si están hablando de un artículo específico o no, y decide si debes usar el subjuntivo.

JUAN RAMÓN: Creo que a mamá le gustan los suéteres como ese que (1) _____ (tener) rayas

verdes y que (2) _____ (estar) junto al suéter azul.

FERNANDO: ¿Estás loco? ¡Es carísimo! Nuestra madre siempre está buscando suéteres que

(3) _____ (tener) un precio razonable.

JUAN RAMÓN: Es cierto, pero es un regalo para ella; el precio no importa. Si no tienes mucho dinero, podemos

comprarle el libro de su autor favorito que se (4) _____ (anunciar) en la televisión.

FERNANDO: Comprarle el libro me parece una buena idea. Además, creo que se vende una versión firmada

(signed) por el autor. Si compramos la versión que (5) _____ (contener) la firma del

autor, ¿cuesta más?

JUAN RAMÓN: Sí, cuesta más. Le podemos comprar el libro sin firma y un suéter que (6) _____

(ser) más barato.

FERNANDO: ¡Buena idea!

4.22 **Preferencias** Lee las preferencias de algunos estudiantes y completa las siguientes oraciones con la forma apropiada del verbo indicado. **¡OJO!** con el uso del subjuntivo.

1. Valentina tiene una bicicleta que se descompone *(breaks down)* todo el tiempo y siempre llega tarde a clases. Quiere comprar una que _____ (ser) confiable.

2. Gregorio está en la cafetería y quiere comer saludable. Prefiere comprar el plato que _____ (tener) muchas verduras.

3. Manuela necesita elegir sus clases para el semestre. Quiere asistir a una clase que _____ (llenar) sus requisitos para la graduación.

4. Ricardo piensa mucho en las elecciones. A él le gusta pasar tiempo en la naturaleza. Por eso, prefiere un candidato que _____ (enfocarse) en el medio ambiente.

5. Clementina recibió malas noticias del médico y cambió su dieta mucho. Ahora, siempre va al restaurante que _____ (ofrecer) comida sin gluten.

6. Enrique tiene una amiga muy egoísta. Ella nunca le ayuda y solo piensa en sí misma. Él prefiere encontrar otra amiga que _____ (prestar) más atención a las necesidades de los demás.

7. Víctor siempre se acuesta tarde. Por eso, siempre se duerme en las clases que _____ (empezar) a las ocho.

8. Violeta y Ramón quieren ir de excursión el sábado, pero no tienen mucho dinero. Ellos buscan lugares interesantes que _____ (estar) cerca de donde viven.

4.23 **Mucha confianza** Dionisio es un villano muy arrogante. Completa las oraciones de una forma original usando los verbos indicados.

Modelo No hay ningún policía que (ir) *vaya a vencerme.*

1. No hay ningún otro villano que (ser) _____

_____.

2. No hay ninguna persona que (hacer) _____

_____.

3. No hay nadie que (saber) _____

_____.

4. No hay nada que yo no (poder) _____

_____.

5. No conozco a nadie que (tener) _____

_____.

4.24 **Las personas en mi vida** Completa las oraciones con tus opiniones. Atención al uso del subjuntivo.

1. Si tengo que compartir *(to share)* una habitación con alguien en el viaje escolar *(school trip)*, quiero

   alguien que _____

   _____.

2. Prefiero tener maestros que _____

   _____.

3. En el trabajo, quiero tener un jefe que _____

   _____.

4. Para mí es importante tener una pareja que _____

   _____.

5. Necesito tener amigos que _____

   _____.

6. En mi vida no quiero tener personas que _____

   _____.

¡Hora de escribir!

4.25 **Un momento heroico** The school newspaper wants to know what students have done to help others. Write an email to the newspaper telling about a moment in your life when you were the hero.

Paso 1 Think about a time when you helped someone. Write down what happened and some of the details: Whom did you help? What was the situation? What did you do to help? What was the result?

Paso 2 Write the email telling your story using the information you brainstormed in **Paso 1.** Use the preterite and imperfect tenses as well as the imperfect subjunctive.

_____

_____

_____

_____

_____

_____

_____

_____

_____

_____

_____

_____

_____

_____

Paso 3 Edit your email:

1. Is your email logically organized?

2. Are there any short sentences you could combine?

3. Did you use the preterite and imperfect correctly?

4. Did you use the imperfect subjunctive when necessary?

5. Do the verbs agree with their subjects?

6. Are all the words spelled correctly?

¡Hora de escuchar! 1
VOCABULARIO

 **4.26** **Definiciones** Vas a escuchar seis definiciones. Escribe en las líneas la palabra o el concepto al que se refieren.

4-1

1. _____

2. _____

3. _____

4. _____

5. _____

6. _____

4.27 **Preguntas y respuestas** Vas a escuchar cinco preguntas. Para cada pregunta, decide cuál es la mejor respuesta.

4-2

1. **a.** Se ve en una dictadura. **b.** Se ve en un partido político.

2. **a.** Se necesita la justicia. **b.** Se necesita estabilidad.

3. **a.** Lo defiende el ejército. **b.** Lo defienden las leyes.

4. **a.** Es dedicado, honesto e idealista. **b.** Es cobarde y egoísta.

5. **a.** el crecimiento económico **b.** el derecho a votar

4.28 **Otra forma de decirlo** Vas a escuchar algunas ideas sobre personas importantes de la historia. Después de escuchar cada idea, decide cuál de las opciones es otra forma de decirlo.

4-3

1. **a.** era justo. **b.** era valiente. **c.** era violento.

2. **a.** era egoísta. **b.** era altruista. **c.** era leal.

3. **a.** una democracia. **b.** una conquista. **c.** una dictadura.

4. **a.** el liderazgo. **b.** la nacionalización. **c.** la Conquista.

¡Hora de escuchar! 2

🔊 **4.29** **Una leyenda** Escucha la información sobre una iglesia en la Ciudad de Panamá y decide si las
4-4 oraciones son ciertas o falsas.

1. Cierto Falso La Ciudad de Panamá no tenía muchos problemas con los piratas.

2. Cierto Falso Henry Morgan era un cura en una iglesia.

3. Cierto Falso El cura se robó los objetos de gran valor.

4. Cierto Falso Henry Morgan donó dinero a la iglesia.

Palabras útiles
el cura *priest*
esconder *to hide*
el pirata *pirate*
restaurar *to restore*

🔊 **4.30** **Reacciones lógicas** Escucha mientras varias personas hablan de varias situaciones y decide cuál
4-5 es la reacción lógica de cada uno. No vas a usar una de las respuestas.

1. _____
2. _____
3. _____
4. _____
5. _____

a. Le di mi almuerzo.

b. Trabajé como voluntario en la iglesia.

c. Fui para ayudarlos.

d. Empecé a visitarlos los sábados.

e. Lo llevé a mi casa.

f. Organicé una campaña para resolver las necesidades.

🔊 **4.31** **El ensayo de historia** Graciela y Alejandro están en la casa de Alejandro, escribiendo un ensayo
4-6 para su clase. Graciela es un poco mandona *(bossy)*. Escucha lo que dice y completa las oraciones con
la opción correcta y el imperfecto del subjuntivo.

1. Graciela le sugirió a Alejandro que...

   a. escribiera en la computadora.   **b.** buscara la información.

2. Graciela le pidió a Alejandro que...

   a. le preparara algo de comer.   **b.** le diera algo de comer.

3. Graciela quería que Alejandro...

   a. le permitiera usar su libro.   **b.** le comprara un libro.

4. Graciela insistió en que Alejandro no...

   a. la interrumpiera.   **b.** olvidara sus ideas.

5. Graciela le pidió a Alejandro que...

   a. viera a su novio.   **b.** escribiera el ensayo.

4.32 **Soñar no cuesta nada** Escucha mientras unos jóvenes hablan de lo que quieren hacer en la vida. Luego relaciona el joven con su deseo.

1. _____ Miriam

2. _____ Eduardo

3. _____ Gerardo

4. _____ Dalia

5. _____ Nicolás

a. Quiere proteger a los ciudadanos.

b. Quiere luchar contra las mafias.

c. Quiere encontrar una cura para las personas enfermas.

d. Quiere acabar con la injusticia social.

e. Quiere ayudar a las personas enfermas.

4.33 **Buscamos policía** Escucha el anuncio de un departamento que busca un nuevo policía. Luego indica cuáles de las siguientes características quieren que tenga.

Prefieren contratar a alguien que...

1. _____ sea hombre.

2. _____ tenga 5 años de experiencia.

3. _____ tenga un diploma universitario.

4. _____ sea responsable.

5. _____ pueda trabajar día o noche.

6. _____ tenga buenas referencias.

Redacción

On a separate piece of paper, write a short biographical essay about a hero or role model of yours, narrating two or three events that show why you admire them.

Paso 1 Choose someone whom you admire, either a famous person or a significant person in your life. Make a list of personality traits you admire in that person.

Paso 2 Find some information about the person you have chosen. If he/she is famous, you can research online or in the library. If not, you can interview him/her or someone that knows him/her. Make a list of their accomplishments, major life events, and ways they have impacted others. Next, decide which two or three accomplishments or events illustrate the traits you find admirable.

Paso 3 Write an introductory paragraph. In your first 1-2 sentences, summarize who the person is, when they lived, and what they have done. Next, write a thesis statement that explains why this person is admirable (e.g., **Mi tía es una heroína porque ayudó a mucha gente cuando era enfermera, y es una persona muy altruista**).

Paso 4 Using the information from **Paso 2,** write a body paragraph in which you narrate two or three events that demonstrate why this person is admirable. Make sure to use the past tense.

Paso 5 Write a concluding paragraph. You should restate your thesis, without repeating the exact same words, and then provide a final comment on why you admire this person.

Paso 6 Edit your biographical essay:

     1. Is your essay clearly organized?

     2. Did you narrate the events in detail?

     3. Do adjectives agree with the person or object they describe?

     4. Did you use the preterite and imperfect appropriately?

     5. Did you use the imperfect subjunctive when necessary?

CAPÍTULO 5 Sociedades en transición

Practica el vocabulario

5.1 Ideas incompletas Completa cada oración con una palabra lógica del vocabulario.

1. El _____ es un movimiento que desea la igualdad de los hombres y las mujeres.

2. Se considera que el _____ es una serie de acciones que conduce a una vida mejor.

3. Una _____ explica el por qué de algo.

4. La _____ consiste en la introducción de una novedad o una nueva manera de hacer

   algo que resulta en un cambio.

5. La palabra _____ es un verbo que significa el opuesto de mejorar.

6. Un _____ existe cuando dos grupos tienen ideas diferentes y no las pueden reconciliar.

   Si el problema escala *(escalates)*, puede convertirse en una _____.

7. El _____ es la misma cosa que el trabajo.

8. La gente que no obedece *(obey)* las leyes de una sociedad a veces tiene que pasar tiempo en la

   _____.

5.2 Definiciones incorrectas Las definiciones de las palabras subrayadas son incorrectas. Escribe la palabra del vocabulario que debe reemplazar la palabra equivocada.

   Modelo La <u>guerra</u> es el estado de una persona o animal de ser libre. *libertad*

1. Una <u>cárcel</u> es un grupo de mucha gente. _____

2. Los <u>conflictos</u> son el dinero que pagamos al gobierno para pagar por las escuelas públicas, caminos, etc.

   _____

3. La <u>marcha</u> es el estado de interconexión entre los países del mundo. _____

4. La <u>causa</u> es el movimiento de un grupo de personas de un lugar a otro. _____

5. El <u>conflicto</u> es un movimiento social que dice que las mujeres son iguales a los hombres. _____

6. El <u>archivo</u> es un documento que la gente firma para pedir un cambio. _____

5.3 **No pertenece** Indica cuál de las palabras de cada grupo no pertenece al grupo.

1. **a.** la contraseña   **b.** el correo electrónico   **c.** los impuestos

2. **a.** evolucionar   **b.** mejorar   **c.** chatear

3. **a.** el progreso   **b.** la modernidad   **c.** la marcha

4. **a.** la manifestación   **b.** las redes sociales   **c.** la huelga

5. **a.** borrar   **b.** involucrarse   **c.** comprometerse

5.4 **Opiniones** Completa las siguientes oraciones con tus opiniones.

1. Pienso que las huelgas _____

_____.

2. Un reto que tienen las clases bajas es _____

_____.

3. Un conflicto que me interesa es _____

_____.

4. Creo que el feminismo _____

_____.

5. Opino que el mejor gobierno es uno que _____

porque _____.

6. Me parece que los impuestos _____

_____.

5.5 **Crucigrama** Lee las pistas *(clues)* y resuelve el crucigrama.

Horizontales

2. Es lo que una persona piensa sobre un tema.

5. Es un sinónimo de trabajo.

7. Es un sustantivo *(noun)* para hablar de los avances y cambios.

9. Es un verbo que significa apreciar.

10. Es un verbo que significa obtener información nueva.

Verticales

1. Es el porcentaje de nuestro sueldo que le damos al gobierno.

3. Este verbo significa participar en una causa.

4. Es la palabra secreta que necesitamos para entrar a nuestra cuenta.

6. Es el fenómeno en el que un grupo de gente se va a vivir a un lugar diferente.

8. Es un edificio en donde están las personas que cometieron un crimen.

5.6 **Relaciones** Encuentra la respuesta lógica para cada pregunta.

1. ¿Por qué firmaste la petición?

2. ¿Qué puede influir al presidente?

3. ¿Qué debe hacer cada ciudadano?

4. ¿Quiénes tienen menos oportunidades?

5. ¿Qué podemos hacer para mejorar la sociedad?

6. ¿Por qué hay una huelga?

a. ejercer sus derechos

b. crear más empleos

c. la opinión pública

d. Creo en la causa que defienden.

e. Los trabajadores se oponen a los cambios.

f. las personas de la clase baja

Practica la gramática 1

El presente perfecto

5.7 **Mis experiencias** Consuelo está escribiendo un blog sobre sus experiencias. Completa el párrafo usando el presente perfecto de los verbos indicados.

¡Hola! Me llamo Consuelo y, aunque soy muy joven, (1) _____ (tener) la suerte de viajar

a muchos lugares. También (2) _____ (completar) mi bachillerato y (3) _____

(comenzar) a estudiar Ciencias Políticas en la universidad. Me interesan los movimientos sociales y por eso

(4) _____ (asistir) a muchas manifestaciones. Tengo un profesor en la universidad que

(5) _____ (motivar) mucho a sus estudiantes a participar en varias manifestaciones en nuestra

ciudad. Como resultado, muchos estudiantes (6) _____ (empezar) a participar en grupos sociales

que (7) _____ (iniciar) reformas. A mí lo que más me preocupa es la contaminación del aire y del

agua por la industria. Tres amigas y yo (8) _____ (fundar) una organización social cuyo propósito

(whose purpose) es combatir la contaminación en nuestro país. Es una meta grande, pero creo que todos los

movimientos importantes (9) _____ (nacer) así.

5.8 **Yo no** Gerardo le está presumiendo *(bragging)* a su amigo Rodolfo todo lo que ha hecho. Su amigo le sigue la corriente *(plays along)* y le expresa admiración diciéndole que él no ha tenido estas experiencias. Completa sus ideas usando el presente perfecto del verbo indicado.

1. GERARDO: Yo participé en una manifestación contra la globalización.

    RODOLFO: ¿En serio? Yo nunca _____ en una manifestación.

2. GERARDO: El año pasado doné mucho dinero a un partido político.

    RODOLFO: ¿De veras? Yo jamás _____ dinero a un partido político.

3. GERARDO: Yo pasé muchas horas trabajando de voluntario en el hospital.

    RODOLFO: ¡Qué interesante! Yo nunca _____ tiempo trabajando de voluntario.

4. GERARDO: Además, hace dos años, mi hermano y yo iniciamos una huelga de hambre para que el gobierno pasara una nueva ley para ayudar a los pobres.

    RODOLFO: ¡No me digas! Yo jamás _____ una huelga de hambre.

5. GERARDO: En los últimos tres años, escribí más de 300 cartas de petición a los senadores en mi región.

    RODOLFO: ¿En serio? Yo nunca _____ una carta de petición.

6. GERARDO: El mes pasado, creé un nuevo blog para educar a la gente sobre el asunto de la distribución de ingresos en este país.

    RODOLFO: ¿De veras? Yo jamás _____ un blog.

5.9 **¿Qué ha cambiado?** Ha habido muchos cambios en los últimos 50 años. Completa las siguientes oraciones con la forma del presente perfecto de los verbos entre paréntesis.

1. El papel de la mujer _____ (cambiar) y ellas _____ (conseguir) el derecho de votar y

   también _____ (poder) entrar a la fuerza laboral.

2. La gente _____ (darse) cuenta del daño que causa al medio ambiente y muchas personas

   _____ (empezar) a reciclar y a conservar los recursos naturales.

3. La tecnología _____ (avanzar) mucho y, hasta cierto punto, _____ (hacer) nuestras

   vidas mucho más fáciles aunque muchas personas _____ (llegar) a depender de ella y

   _____ (olvidar) cómo trabajar sin ella.

4. La tecnología también _____ (influir) mucho en la globalización. Las maneras de acceder a la

   información _____ (evolucionar) mucho. Ahora, en vez de entrar físicamente al banco, la gente

   puede controlar sus cuentas usando la computadora.

5. Los adelantos *(improvements)* en los sistemas de transporte _____ (hacer) la migración más

   fácil. Los vuelos *(flights)* _____ (mejorar) y ahora no requiere mucho tiempo viajar de un

   país a otro.

5.10 **Ni siquiera** Un periodista entrevista a un político. Completa las respuestas usando el presente perfecto.

   Modelo   ¿Por qué se reunió con el dictador de una nación enemiga?
   No me reuní con el dictador. Ni siquiera *le he hablado*. (hablarle)

1. ¿Por qué ignoró la opinión pública?

   No la ignoré. Ni siquiera _____ (escucharla).

2. ¿Por qué aprobó la nueva ley?

   No aprobé la ley. Ni siquiera _____ (verla).

3. ¿Por qué firmó la petición?

   No firmé la petición. Ni siquiera _____ (leerla).

4. ¿Por qué aumentó los impuestos?

   No aumenté los impuestos. Ni siquiera _____ (revisarlos).

5. ¿Por qué mintió sobre el fracaso del movimiento ecologista?

   No mentí. Ni siquiera _____ (saber) nada del movimiento.

6. ¿Por qué se opuso a la manifestación de los trabajadores?

   No me opuse. Ni siquiera _____ (involucrarme) en este conflicto.

5.11 **¿Qué ha pasado?** Usando el presente perfecto explica lo que ha pasado para causar las siguientes situaciones.

Modelo ¿Por qué está la policía en la oficina del ejecutivo?
Él les ha robado a muchos de sus clientes.

1. ¿Por qué están enojados los trabajadores y van a hacer una huelga? _____

2. ¿Por qué hay un grupo de personas protestando fuera de la oficina del senador? _____

3. ¿Por qué ha empezado una manifestación en la Plaza Mayor? _____

4. ¿Por qué nos dicen que cambiemos todas nuestras contraseñas? _____

5. ¿Por qué están borrando archivos en la oficina de la presidenta? _____

5.12 **¿Lo has hecho?** Completa las preguntas con la forma apropiada del presente perfecto. Luego contesta las preguntas. **¡OJO!** al tiempo verbal en las respuestas.

Modelo *¿Has visto* (ver) una película en Internet?
*Nunca he visto una película en Internet. / Ayer vi la película **Biutiful** por Internet.*

1. ¿_____ (subir) un video al Internet? _____

2. ¿_____ (crear) una página web? _____

3. ¿_____ (abrir) una cuenta en las redes sociales? _____

4. ¿_____ (hacer) compras por Internet? _____

5. ¿_____ (perder) información en la computadora? _____

6. ¿_____ (tomar) una clase por Internet? _____

Practica la gramática 2

El presente perfecto del subjuntivo

5.13 Una reacción diferente ¿Recuerdas a Gerardo y a Rodolfo, de una actividad anterior? Ahora Gerardo le está presumiendo a Antonieta sobre sus actividades, pero la respuesta de ella es muy diferente: ¡no le cree nada! Completa sus respuestas con el subjuntivo del presente perfecto.

1. GERARDO: Yo <u>participé</u> en una manifestación contra la globalización.

   ANTONIETA: Dudo mucho que tú _____ en una manifestación.

2. GERARDO: El año pasado <u>doné</u> mucho dinero a un partido político.

   ANTONIETA: No creo que (tú) jamás _____ dinero a un partido político.

3. GERARDO: Yo <u>pasé</u> muchas horas trabajando de voluntario en el hospital.

   ANTONIETA: No te creo. Yo dudo que _____ tiempo trabajando de voluntario.

4. GERARDO: Además, hace dos años, mi hermano y yo <u>iniciamos</u> una huelga de hambre para que el

   gobierno pasara una nueva ley para ayudar a los pobres.

   ANTONIETA: Es imposible que ustedes _____ una huelga de hambre.

5. GERARDO: En los últimos tres años, <u>escribí</u> más de 300 cartas de petición a los senadores en mi región.

   ANTONIETA: No estoy segura de que _____ ni una carta de petición.

6. GERARDO: El mes pasado, <u>creé</u> un nuevo blog para educar a la gente sobre el asunto de la distribución

   de ingresos en este país.

   ANTONIETA: Es imposible que _____ un blog.

5.14 Es probable A Mariana le gusta jugar a ser psicóloga. Basándose en lo que sabe, ella está adivinando lo que cree que sus compañeros han hecho. Completa sus ideas con el subjuntivo del presente perfecto.

1. A Felicia le encanta discutir. Es probable que ella _____ (participar) en un grupo de debates.

2. A Lourdes y a Marcos les gusta la naturaleza. Es probable que ellos le _____ (dar) dinero a un grupo ecologista.

3. A Roberto le encanta mantener una vida saludable. Es probable que él _____ (apoyar) los esfuerzos por mejorar la comida en las cafeterías en las escuelas.

4. A Maricela y a Nicolás les gusta organizar eventos. Es probable que ellos _____ (involucrarse) en una de las manifestaciones en nuestra ciudad.

5. A mi hermano le fascina la tecnología. Es probable que él _____ (crear) un blog secreto.

6. A Raúl y a Teresa les encantan las redes sociales. Es probable que ellos _____ (chatear).

5.15 **Opiniones contrarias** Los estudiantes de una clase discuten sus opiniones sobre temas sociales, pero Rogelio es un estudiante que nunca está de acuerdo. Completa la conversación. **¡OJO!** Debes decidir entre usar el indicativo o el subjuntivo del presente perfecto.

PROFESOR: ¿Alguien en la clase (1) _____ (escuchar) sobre el grupo Amnistía Internacional?

JIMENA: Sí, profesor, de hecho, yo les (2) _____ (mandar) dinero para ayudar a presos *(prisoners)* políticos.

ROGELIO: Yo dudo mucho que tú (3) _____ (ayudar) a Amnistía Internacional porque no creo que te interese la política.

JIMENA: ¿Y tú qué sabes? No solo me interesa la política, sino que también (4) _____ (ser) presidenta de un club para los estudiantes.

ROGELIO: Sí, yo (5) _____ (oír) de ese club, pero dudo mucho que ustedes (6) _____ (conseguir) que muchos estudiantes votaran.

JIMENA: ¿Por qué hablas cuando no sabes nada? La verdad es que yo (7) _____ (encontrar) lo opuesto. Aquí en particular los estudiantes participan mucho en la política de la escuela.

ROGELIO: De veras no te creo. No conozco a nadie que (8) _____ (participar) en las elecciones en esta escuela.

5.16 **Conclusiones** A Guille nunca le ha interesado la tecnología, por eso hemos llegado a ciertas conclusiones. Empareja las dos columnas de una forma lógica y luego escribe la forma correcta del indicativo o el subjuntivo del presente perfecto.

1. Guille detesta los teléfonos complicados y por eso nunca...

2. Guille todavía usa casetes para oír música. Por eso dudo que...

3. A Guille no le gusta compartir sus ideas públicamente. Por eso es improbable que…

4. A Guille le encantan los libros en papel y por eso nunca...

5. Guille prefiere conversar en persona y no le gusta usar el Internet. Por eso es improbable que…

a. _____ (grabar) un CD.

b. _____ (comprar) un lector electrónico.

c. _____ (chatear).

d. _____ (aprender) a usar un teléfono inteligente.

e. _____ (escribir) un blog.

5.17 **Tus reacciones** Lee las siguientes afirmaciones y escribe una reacción para cada una usando las expresiones de la lista.

Modelo No existían las cárceles en el siglo XV. (dudar que)
Dudo que no hayan existido las cárceles en el siglo XV.

(no) creer	**(no) es cierto**	**es imposible**	**(no) pensar**
(no) dudar	**es un hecho**	**es probable**	

1. El trabajo infantil fue abolido en EE.UU. en 1915. _____

_____

2. El feminismo no existía antes del año 1950. _____

_____

3. La distribución de ingresos era justa en el siglo XIX. _____

_____

4. No había conflictos de migración antes del siglo XVIII. _____

_____

5. Los movimientos ecologistas solamente empezaron en el año 1980. _____

_____

6. A la gente no le importaba la esclavitud *(slavery)* hace dos siglos. _____

_____

5.18 **¿A quién conoces?** ¿Conoces a personas que hayan dejado huella *(had an impact)* en algo o alguien? Completa las preguntas con el subjuntivo del presente perfecto y luego, contesta las preguntas.

Modelo ¿A quién conoces que *haya trabajado* (trabajar) en las campañas electorales?
Mis padres han trabajado en las campañas electorales. Ayudaron a registrar a las personas.

1. ¿A quién conoces que _____ (adoptar) un animal de un refugio *(shelter)*?

_____

2. ¿A quién conoces que _____ (participar) en un proyecto comunitario?

_____

3. ¿A quién conoces que _____ (reducir) su impacto en el medio ambiente?

_____

4. ¿A quién conoces que le _____ (donar) algo a una organización?

_____

5. ¿A quién conoces que _____ (hacer) algo por un desconocido *(stranger)*?

_____

Practica la gramática 3

El subjuntivo con cláusulas adverbiales

5.19 **La lógica** Algunos estudiantes quieren viajar a Sudamérica para apoyar a unos activistas. Elige la conjunción más lógica para completar las oraciones.

1. Viajaré a Chile (con tal de que / hasta que / a menos que) no tenga suficiente dinero.

2. Vamos a pedir una donación (a menos que / para que / en caso de que) tengamos suficiente dinero para el viaje.

3. Tenemos que mostrar que tenemos suficiente dinero (sin que / hasta que / antes de que) el director nos permita viajar.

4. Necesito investigar más (a menos que / con tal de / a fin de que) saber más sobre los activistas en Chile.

5. Necesitamos reunirnos con el director de la universidad (para / siempre y cuando / a menos que) él tenga suficiente tiempo.

6. Nosotros les mandamos el dinero electrónicamente (para que / siempre y cuando / en caso de que) lo reciban sin problema.

7. Podemos quedarnos en la casa del tío de Marcos (a fin de que / tan pronto como / en caso de que) no encontremos un hotel.

8. Necesitamos mantener conversaciones abiertas con los activistas (a menos que / a fin de que / para) no perdamos la perspectiva apropiada.

5.20 **Nuestras causas** Esther tiene un grupo de amigos muy comprometidos con algunas causas. Completa sus ideas con la forma apropiada del subjuntivo o del indicativo.

1. Mi hermana siempre dona dinero al WWF cuando _____ (recibir) su sueldo, pero este mes ella

   no va a donar hasta que el gobierno le _____ (regresar) dinero de sus impuestos.

2. No voy a viajar más en avión hasta que las aerolíneas _____ (comenzar) a reciclar más.

3. Mi amiga Ana promete donar dinero a una caridad *(charity)* local cuando _____ (conseguir)

   un trabajo permanente.

4. Ronaldo no va a participar más en las manifestaciones hasta que _____ (estar) mejor

   organizadas.

5. Estibaliz y Susana van a trabajar voluntariamente en una escuela local tan pronto como _____

   (graduarse).

6. Siempre ayudo a los estudiantes nuevos en mi universidad cuando _____ (tener) tiempo.

Nombre _____ Fecha _____

5.21 El relato de un reportero Un reportero está cubriendo una marcha en vivo. Completa lo que dice con la forma correcta del subjuntivo o con el infinitivo.

Queridos espectadores, esta es una situación delicada. Los activistas no van a terminar esta marcha hasta que el gobierno (1) _____ (escuchar) sus peticiones. Entrevisté a una persona que piensa que el gobierno va a mandar al ejército para que (2) _____ (controlar) la situación. Pero los activistas son muy dedicados y dicen que no van a irse a menos que (3) _____ (expulsarlos) por la fuerza. El gobierno dice que no va a usar la fuerza antes de que (4) _____ (ser) necesario. Para (5) _____ (evitar) la violencia, las dos partes necesitan negociar pero no me parece posible. Desafortunadamente, sin que (6) _____ (pasar) un milagro, esta manifestación no será pacífica por mucho tiempo.

5.22 Objetivos ¿Qué desean las siguientes personas? Combina las columnas para crear oraciones lógicas. Luego escribe los verbos en el presente del subjuntivo o el infinitivo según el adverbio. No vas a usar todas las opciones.

1. Los estudiantes van a protestar a menos que...

2. El activista trabaja a fin de...

3. El presidente escucha a la gente antes de...

4. Los periodistas van a hacer el anuncio cuando...

5. Voy a firmar la petición en cuanto...

6. La mujer donará dinero para que...

a. (saber) _____ los resultados de las elecciones.

b. (estar) _____ muy molesto.

c. (apoyar) _____ los derechos humanos.

d. la (leer) _____.

e. el director (escuchar) _____ sus quejas (*complaints*).

f. (tomar) _____ una decisión.

g. los niños huérfanos (tener) _____ lo necesario para vivir.

5.23 **¿Ya lo has hecho?** Contesta las siguientes preguntas. Debes usar uno de los siguientes adverbios en tus respuestas: **antes de (que), cuando, después de (que), en cuanto, hasta (que)** y **tan pronto como**. Atención al uso del subjuntivo y el indicativo.

Modelo   ¿Ya has conseguido un trabajo para este verano?
Sí, lo conseguí después de las vacaciones de primavera. / No, voy a buscar un trabajo cuando termine el semestre.

1. ¿Ya has comprado un auto? _____

_____

2. ¿Ya te has enamorado? _____

_____

3. ¿Ya has trabajado como voluntario? _____

_____

4. ¿Ya has tomado una clase de AP? _____

_____

5. ¿Ya has abierto una cuenta bancaria *(bank account)?* _____

_____

5.24 **Opiniones** Completa las siguientes oraciones con tus opiniones personales. Atención al uso del subjuntivo.

1. Creo que es importante protestar cuando _____

_____.

2. No me molesta donar dinero siempre y cuando _____

_____.

3. No se debe firmar una petición a menos que _____

_____.

4. Es importante escuchar la opinión pública con tal de que _____

_____.

5. Siempre vamos a tener una sociedad desigual hasta que _____

_____.

¡Hora de escribir!

5.25 **Una experiencia** A magazine has asked readers to write in telling about their first experience with a particular piece of technology. Write an email with your response.

Paso 1 Make a list of technological devices that you have used and then pick one. Brainstorm the things you remember about your first experience using the device. Include answers to the following questions: What was your first reaction when you heard about the device? Did you have to spend a lot of money to get it? Was your initial experience with the device good or bad? How did you learn to use it? Did you experience any frustration or was it relatively easy? Did you need help?

Paso 2 Write an email to the magazine telling them about your experience using the information you brainstormed in **Paso 1**.

_____

_____

_____

_____

_____

_____

_____

_____

_____

_____

_____

_____

_____

Paso 3 Edit your email:

1. Is your email logically organized?

2. Are there any short sentences you could combine?

3. Did you use the preterite and imperfect and the present perfect correctly?

4. Did you use the subjunctive when necessary?

5. Do the verbs agree with their subjects?

6. Are all words spelled correctly?

¡Hora de escuchar! 1

5.26 **La tecnología** Escucha cada explicación sobre la tecnología y elige el verbo que corresponde. No vas a usar todos los verbos.

5-1

1. _____   **a.** chatear

2. _____   **b.** borrar

3. _____   **c.** bajar un archivo

4. _____   **d.** adjuntar un archivo

5. _____   **e.** hacer clic

6. _____   **f.** grabar

7. _____   **g.** subir un archivo

5.27 **¿Es lógico?** Vas a escuchar algunas afirmaciones sobre varios temas sociales. Decide si son lógicas o ilógicas.

5-2

1. lógica   ilógica   4. lógica   ilógica

2. lógica   ilógica   5. lógica   ilógica

3. lógica   ilógica

5.28 **¿Qué necesitan hacer?** Vas a escuchar a varias personas hablar sobre lo que quieren. Para cada persona, elige la opción que indica lo que necesita hacer o de lo que hizo.

5-3

1. **a.** Hizo clic en el enlace *(link)*.   **b.** Subió un archivo.   **c.** Grabó un CD.

2. **a.** La situación empeoró.   **b.** Hubo una guerra.   **c.** La situación mejoró.

3. **a.** Deben donar dinero.   **b.** Deben hacer una manifestación.   **c.** No deben firmar.

4. **a.** Se enteraron de la marcha.   **b.** Colaboraron.   **c.** Chatearon.

¡Hora de escuchar! 2

5.29 **El club** Escucha mientras Simón habla de un club para proteger el medio ambiente y decide si las siguientes oraciones son ciertas o falsas. Escribe correcciones para las oraciones falsas.

5-4

1. Cierto   Falso   El club tiene más miembros este año. _____

2. Cierto   Falso   El club no ha tenido mucho éxito con sus campañas. _____

3. Cierto   Falso   El club ha creado un programa para reciclar botellas. _____

4. Cierto   Falso   El club ha presentado una petición a la presidenta. _____

5. Cierto   Falso   Quieren cultivar verduras en el campus. _____

5.30 La entrevista Leopoldo es candidato para un trabajo en una organización sin fines de lucro *(nonprofit)*. Escucha mientras habla de su experiencia e indica cuáles de las siguientes actividades ha hecho.

1. _____ Ha terminado sus estudios universitarios.

2. _____ Ha trabajado en una organización internacional.

3. _____ Ha organizado eventos.

4. _____ Ha sido nombrado el empleado del año.

5. _____ Ha perdido su trabajo.

6. _____ Se ha mudado con su esposa.

7. _____ Ha encontrado un trabajo que no paga muy bien.

8. _____ Ha donado su tiempo como voluntario.

5.31 Es posible Escucha cada situación e indica la conclusión más lógica.

Es posible que...

1. _____ **a.** haya olvidado su contraseña.

2. _____ **b.** le hayan regalado un lector electrónico para su cumpleaños.

3. _____ **c.** haya perdido su celular.

4. _____ **d.** haya abierto una cuenta en una red social.

5. _____ **e.** haya bajado un archivo que tenía un virus.

5.32 Situaciones Escucha a las siguientes personas hablando sobre la tecnología y decide cuál es la conclusión más lógica.

1. A Hernán le encanta que su abuela...
   a. haya comprado una computadora.   **b.** lo haya llamado.

2. A Leticia le molesta que su amiga...
   a. no la haya prestado atención.   **b.** haya desconectado su celular.

3. A Virginia no le gusta que un compañero...
   a. haya visto una foto de ella en bikini.   **b.** haya subido una foto de ella a la red social.

4. A Gonzalo le preocupa que la muchacha...
   a. haya mandado muchos textos.   **b.** no haya apagado su celular.

5. A Awilda le alegra que su novio...
   a. le haya prestado un GPS.   **b.** le haya comprado un GPS.

5.33 **¿Lo sabe?** Algunos estudiantes hablan de los aparatos que quieren comprar. Escucha lo que dicen y contesta las preguntas.

1. ¿Sabe cuánto cuesta?   sí   no

2. ¿Sabe en qué tienda va a comprarlo?   sí   no

3. ¿Sabe qué lector electrónico quiere comprar?   sí   no

4. ¿Sabe dónde va a buscar el MP3?   sí   no

5. ¿Sabe si la computadora portátil funciona?   sí   no

5.34 **Causas** Escucha mientras algunos activistas hablan de sus creencias. Luego decide si las siguientes oraciones son ciertas o falsas.

1. Cierto   Falso   Rosalba lucha para que se respeten los derechos de los animales.

2. Cierto   Falso   Ignacio trabaja a fin de que los consumidores estén más informados sobre la comida.

3. Cierto   Falso   Yamira protesta contra los hospitales que admiten a pacientes sin que ellos tengan el dinero para pagar los servicios.

4. Cierto   Falso   Sergio crea una petición para que aumenten los impuestos para construir una nueva escuela.

5. Cierto   Falso   Abel apoya un proyecto de ley *(bill [of law])* que no le da licencias a conductores a menos que tengan una inspección de su auto.

Redacción

A persuasive essay attempts to convince the reader of a particular point of view. On a separate piece of paper, write a persuasive short essay about an issue that matters to you.

Paso 1 Choose an issue that interests you. It can be local, national, international, or societal, such as the need for more laws to protect the environment or the negative effects of television.

Paso 2 Write a list of the specific reasons that explain why you feel that way. For example, *los miembros de la familia no hablan mucho porque pasan mucho tiempo mirando la tele; muchos padres usan la tele para cuidar a los niños.*

Paso 3 Write a thesis statement that will present the issue and interest your reader. For example, *Las relaciones familiares han empeorado a causa del uso excesivo de la televisión.*

Paso 4 Write an introductory paragraph in which you first provide context about the general topic of your essay, then state your thesis. Finally, choose two of the reasons you brainstormed in **Paso 2**, and briefly state them. These will be the ideas you explain in your body paragraphs.

Paso 5 Write two body paragraphs in which you elaborate on the reasons for your belief. There should only be one idea in each paragraph, and the entire paragraph should support that idea.

Paso 6 Write a concluding paragraph in which you summarize all of your ideas and express why the issue you discussed is important or relevant.

Paso 7 Edit your essay:

1. Does the introduction clearly state what you believe?
2. Do all of the sentences in each of the paragraphs support their topic sentences?
3. How well have you explained your reasons for your belief? Are they logical?
4. Does each verb agree with its subject?
5. Did you check your spelling, including accents?
6. Did you use the subjunctive where necessary?